阅读成就思想……

Read to Achieve

新父母课堂系列

童年是一座花园
让孩子做回孩子

[美] 杰西卡·斯马特 ◎ 著
（Jessica Smartt）

李 良 ◎ 译

Let Them Be Kids

Adventure, Boredom, Innocence, and Other Gifts Children Need

中国人民大学出版社
·北京·

图书在版编目（CIP）数据

童年是一座花园：让孩子做回孩子／（美）杰西卡·斯马特（Jessica Smartt）著；李良译. -- 北京：中国人民大学出版社, 2023.6
书名原文：Let Them Be Kids: Adventure, Boredom, Innocence, and Other Gifts Children Need
ISBN 978-7-300-31432-7

Ⅰ. ①童… Ⅱ. ①杰… ②李… Ⅲ. ①儿童教育－家庭教育 Ⅳ. ①G782

中国国家版本馆CIP数据核字(2023)第077391号

童年是一座花园：让孩子做回孩子
［美］杰西卡·斯马特（Jessica Smartt） 著
李良 译
TONGNIAN SHI YIZUO HUAYUAN：RANG HAIZI ZUOHUI HAIZI

出版发行	中国人民大学出版社		
社　址	北京中关村大街31号	邮政编码	100080
电　话	010-62511242（总编室）	010-62511770（质管部）	
	010-82501766（邮购部）	010-62514148（门市部）	
	010-62515195（发行公司）	010-62515275（盗版举报）	
网　址	http://www.crup.com.cn		
经　销	新华书店		
印　刷	天津中印联印务有限公司		
开　本	890 mm×1240 mm　1/32	版　次	2023年6月第1版
印　张	7.375　插页1	印　次	2023年6月第1次印刷
字　数	152 000	定　价	59.00元

版权所有　　侵权必究　　印装差错　　负责调换

推荐序

在你看来，养育孩子意味着什么？

在回答这个问题之前，让我们一起做道填空题：养育孩子是世界上最_____的事。请写下你的回答。

作为一名资深的亲子沟通讲师，根据我多年的教学经验和对很多家庭的了解，我会说，养育孩子是这世界上最困难的事。

诚如人本主义心理学家托马斯·戈登（Thomas Gordon）博士所说：初为父母的人要承担这项世界上最困难的工作——迎接并养育一个新生儿，一个几乎完全无助的小宝贝。父母要对其身心健康承担起全部责任，并将其教养成一个终有所成、善于合作、能为社会做贡献的公民。还有什么比这项工作更加困难和费力的吗？

这是戈登博士在近 60 年前说的话，也许他没想到的是，现在的父母养育孩子更难了！

现在的父母面对的是，更加复杂多变的大环境、生活节奏越来越快、竞争越来越激烈。这对父母的考验越来越多：

- 如何让孩子养成良好的生活习惯？
- 如何让不爱上学的孩子爱上学习？
- 如何让内向的孩子喜欢社交？
- 如何面对电子产品、电子游戏、短视频带来的挑战？
- 如何面对隔代养育的冲突？
- 如何面对焦虑、抑郁低龄化的局面？
- 如何在自己的养育理想和压力巨大的现实之间找到平衡？

　…………

坦率地说，面对这些养育问题，作为两个男孩的母亲，我并没有一个标准的、完美的、适合所有父母和孩子的答案。和大多数父母一样，当初我怀着对新生命的敬畏，带着对前人智慧的信任，开始大量阅读养育书籍。在过去十多年，也时常向学员和粉丝推荐养育书单。

我的养育书单，看重以下几点。

第一，书中的理念是否相信生命的潜能，是否相信人性中的真善美，是否相信长期主义。尽管养育类书籍众多，但良莠不齐，很多书籍经不起时间的洗礼。有些理论看上去头头是道，但在生活中是行不通的。有些书籍过于短视，只看眼前的效果，没有顾及未来。

杰西卡所著的《童年是一座花园：让孩子做回孩子》值得推荐，她的很多观点和做法，与人本主义心理学的理念有相通之处。根据父母效能训练讲师（P.E.T.）前辈的描述，我大致总结如下：人在安全的环境下，会自然朝正向发展，成为他自己。在养育过程中，父母要构建一个家庭小环境，让孩子可以感受到安全感和归属感，在此基础上，孩子就有机会好好发展他生命中的潜能，最终成为他独一无二的样子。

第二，书中的理念是否可以带来新的认知、新的视角、新的思考。本书作者精心编排，归结出10个版块，也就是书中所说的10个礼物。令人欣喜的是，本书的观点的确可以给今天生活在忙碌中的父母们带来一些新的认知和提醒。比如，我们该如何在安全的前提下，为孩子提供冒险的机会，并在冒险中体验生命的多姿多彩，收获成长的礼物。

比如，我们对于孩子的各种行为，总是习惯性地贴上负面标签，觉得这也不好那也不行，但有没有想到，孩子的笨拙、天真、犯错乃至无聊，都可以成为孩子学习、成长的机会。如果父母创设合适的环境，有恰当的陪伴，孩子们就能在父母的身边，培养良好的品格，养成良好的生活、学习习惯，并成为自我负责的人。

比如，关于性教育，我们总是羞于启齿，却没有意识到今天无孔不入的网络信息早已比父母提前一步，把碎片化的、模糊的、不确切的甚至是错误的性信息传递给孩子们了。我们可否试着以平和的心态，给予孩子们美好、自然、真实的儿童性教育和生命教育。

第三，养育类书籍，内容要落地，可实操。养育类书籍，不能只是用来读读而已，应该让读者有机会在真实生活中实际运用，让父母有行动力，让家庭有真实的改变。

有不少书籍都有这个特点，读者看看激动，想想感动，很是心动，就是不动。有时候，读者试着行动，却又发现根本没用。本书的内容，都是作者的亲身实践，有很多真实的案例，同时作者又认真地总结归纳了父母启动实际操作时的要点和注意事项，可以让父母们轻松开始尝试。

这里有个小提醒，在家庭养育中，我们不可能发生一蹴而就的大变革；我们需要温和的、渐进的改变，由此带来长期的、稳固的养育成果。

所以，你不需要一下子把作者给的 10 个礼物都收入囊中。你可以读完本书，看看哪些内容是你怦然心动的，哪些是你的孩子喜欢和需要的，同时还是你觉得容易上手的，从一个点开始尝试。一旦尝到成功和喜悦，你就更有动力坚持了；然后可以由点及面，尝试书中更多的方法；渐渐地，这本书的精华就演变成你的生活常态了。

同时，这本书是在国外环境中的生活实践，在践行的过程中，也许你会发现有一些观点和方法不适合你的环境和家庭，那完全可以不用，不要有压力。因地制宜，就地取材，其实这也是作者的期待。

第四，书的作者是否有同理心，是否真实。 有不少书籍，读下来，我们会觉得作者高高在上，态度严肃，始终正确，而我们这些普通人却怎么也做不到，感觉很挫败（作者跟我们一样，有类似的体验）。

这本书有一点让我感觉很温暖的是，杰西卡会让我觉得她不是一个正襟危坐的教育专家，而是我在远方的一个闺蜜。她很有同理心，在她感觉读者会有压力的地方，她会停下来，安抚和宽慰我们，让我们觉得做父母犯错、做不到、不完美都是可以的。

她也时常带入自己小时候和年轻时候的体验，把生命中的大事小情都讲给我们听，让我们更能体会到孩子的心理和诉求。她时常幽默地自嘲，把自己的失败和糗事讲出来，让我们在阅读中没有压力，更加地放松和自在。当然，也许你的闺蜜中就有这样一款，因为关心和周到，做了很多事无巨细的表达，你会觉得她有点碎碎念。杰西卡就是这样真实、接地气、不完美又乐于分享的一个人。

有一次我和我的朋友、李蕾讲经典的主理人李蕾做直播，我问她，养育孩子是世界上最_____的事；她说，养育小孩是这世界上最好玩的事情，是地球上最浪漫的冒险。

哇哦，这回答，真的让人耳目一新啊！

现在，告诉我，在你看来，养育孩子是世界上最_____的事。无论此刻的答案是什么，都请你写下来，也期待你在未来，随时回来写下新的答案。

V

在过去，我也无数次回答这个问题。有时，我觉得养育孩子是世界上最幸福的事；有时，我觉得养育孩子是世界上最无力的事，有时……

尽管养育孩子是世界上最困难的事，但是我们为什么还会如此坚持？因为，养育孩子也是世界上最值得的事，正如教育学家艾尔菲·科恩（Alfie Kohn）所说："这很难，但仍值得我们全力以赴。"

微微辣

P.E.T. 父母效能训练国际资深督导

Y.E.T. 青少年效能训练中国督导

前　言

宣言：让孩子做回孩子

我们相信童年，让孩子做回孩子，他们那么幼小、笨拙，又那么柔软、自由；我们相信家庭，相信我们永远都拥有彼此；我们相信身在何处，何处就是家；我们相信冒险，美好的生活比廉价的模仿更触动人心、更令人满足、更有令人捧腹的乐趣；我们相信想象力——雨天的好书、傻乐不已的长途旅行——美好事物就在你放下手机之后出现；我们相信吹泡泡、筑堡垒、追逐萤火虫、玩化妆游戏；我们相信无聊往往是奇妙事物的开端；我们认为拼图、棋盘游戏、努力工作、为别人开门永远不应该过时；我们相信善良比扮酷更重要，发展个性比赢得胜利更重要；我们明白，天真和单纯仍然值得我们为之奋斗；我们相信"对不起"和"我会永远爱你"。构建童年并不容易，但从长远看，对所有人来说，一切都有所值。

目录
CONTENTS

第一章　为什么童年很重要
孩子是花园中绽放的各色花朵　　　　　　　　　／ 7
在孩子的童年中开启你的父母生涯　　　　　　　／ 11
你需要培养至真至纯的孩子　　　　　　　　　　／ 15

第二章　来自冒险的礼物：收获成长的礼物
在冒险中培养孩子的独立性　　　　　　　　　　／ 23
让单纯的欢笑激发出孩子最好的一面　　　　　　／ 29
让孩子与大自然亲密接触　　　　　　　　　　　／ 33
帮助孩子找到属于自己的事　　　　　　　　　　／ 39
孩子需要去发现和体验新事物　　　　　　　　　／ 43

第三章　来自无聊的礼物：孩子所需要的精神留白

无聊可以激发孩子的创造力　　　　　　　　　　　/ 56

无聊可以为孩子创造友谊的空间与想象　　　　　　/ 60

电子游戏只能让孩子错过太多童年的乐趣　　　　　/ 64

第四章　来自笨拙的礼物：让孩子像孩子一样玩耍

孩子与成年隔辈人相处的好处　　　　　　　　　　/ 76

允许孩子笨拙地长大　　　　　　　　　　　　　　/ 80

不要忽视童年玩具对孩子的意义　　　　　　　　　/ 86

第五章　来自想象力的礼物：不要让科技设备困住孩子的童年

玩耍是有回报的　　　　　　　　　　　　　　　　/ 98

阅读对孩子的重要性和积极影响　　　　　　　　　/ 101

与孩子不被干扰地高质量相处　　　　　　　　　　/ 107

制定家庭使用科技设备限制令　　　　　　　　　　/ 114

除了屏幕，还有很多可做的事　　　　　　　　　　/ 116

第六章　来自平衡的礼物：孩子最重要的不是成功，而是性格

自由心态胜过输赢心态　　　　　　　　　　　　　/ 126

你和孩子都不能失去对失败的容忍　　　　　　　　/ 130

第七章　来自毅力的礼物：让孩子努力的最好方式

强大的精神毅力，让孩子走得更远　　　　　　　　/ 143

　　　　拥有自控力的孩子，未来更可期　　　　　　　　　/ 148
　　　　拥有被拒绝的勇气，孩子更强大　　　　　　　　/ 151

第八章　来自礼貌和善良的礼物：心存善意，才是人间理想
　　　　孩子如何看待自己，取决于你对待孩子的方式　　/ 159
　　　　每个孩子都应该养只宠物　　　　　　　　　　　/ 162
　　　　人可以千差万别，但不可以不友善　　　　　　　/ 166

第九章　来自家庭的礼物：你们才是彼此永远的后盾
　　　　你在孩子心中的存在远比你以为的重要　　　　　/ 178
　　　　无论多大，孩子都需要你陪伴在他身边　　　　　/ 182

第十章　来自天真的礼物：不当成年人的福气
　　　　孩子的安全最重要：帮孩子处理他的"麻烦事"　 / 194
　　　　不要回避与孩子聊聊"性"　　　　　　　　　　 / 197
　　　　把孩子从不良环境中解救出来　　　　　　　　　/ 201
　　　　不要让娱乐节目毁了孩子的三观　　　　　　　　/ 206

第十一章　来自信仰的礼物：被人所爱，是一种永存的安慰
　　　　无论孩子多淘气，都要好好爱他　　　　　　　　/ 212
　　　　父母问责制——言行一致　　　　　　　　　　　/ 219

后　记　　　　　　　　　　　　　　　　　　　　　 / 221

第一章

为什么童年很重要

在我 11 岁时，我们 10 个表兄弟姐妹曾聚在乔叔叔的湖边小屋，度过了美妙的一周。第一天下午，没有大人看管，我们漫无目的地逛到码头上，把脚浸入水中。这时，我们注意到一个很壮观的东西：一大块木头被冲上了礁石海滩，它如此巨大，比我们人还大。像在地毯上玩"挑竹签"游戏一样，各种可能性在我们面前展开，最大的可能性是，我们发现了"一艘船"。我们没有费心去征得大人的同意（我现在意识到他们当时正在屋里喝着咖啡，饶有兴味地看着我们），而是忙着准备让我们的新船下水。

首先，我们必须收集一些物资。我们溜进食品储藏室，把一包苏打饼干、几小盒葡萄干，连同几盒果汁一起偷了出来。另外，我们还得有船桨，这比我们想象的要难一些，因为我们必须找到合适的棍子，它们既要足够结实好用，又不能太大，以免划桨时撞到身后的桨手。

接下来的情况有些棘手，因为我们还得选择乘客。这意味着要把大孩子和小孩子区分开，但总有那么几个在中间的孩子让我们困惑。我不记得划分标准是什么了，倒是记得，它以一场争斗和有人"意外地"掉进湖里而告终。最后，我们高贵的舰船需要有个名字。

第一章　为什么童年很重要

只有一个提议：雄伟号。我们一致同意了，毕竟这船太棒了。

那是 27 年前的事了。

当我回顾这段精彩的记忆时，我发现它呈现出那么多关于童年的美好事物，比如自由、冒险、想象力、创造力、自然、友谊和纯真。乘坐着废弃、朽烂、没怎么粘结实的小木板子驶向未知水域，是不是很危险？当然危险。但正因为如此，它才更精彩。

也许你有类似的童年冒险故事。问题在于，构成童年的这些点点滴滴不仅仅是一些故事，更重要的是，它们塑造了性格。据研究，人一旦成年，很多核心价值观和特征就不太可能改变。当然，变化总是有可能发生的，但成年后有些东西往往会趋于稳定，例如：

- 性格特征，如耐心、善良、正直、自律和遵守原则的能力；
- 习惯，如职业道德、技术使用与滥用和时间管理；
- 技能和能力，如求知欲、精通音乐或外语、阅读能力和良好的书面或口头交流能力；
- 信仰；
- 性健康，从某种意义上说，习惯和选择影响人一生的性行为和幸福感；
- 与他人的依恋关系/拥有健康人际关系的能力。

再强调一下，改变是绝对可能的。有些精彩绝伦、鼓舞人心的故事讲的就是一些人如何在 30 多岁 ~ 80 多岁的阶段重新构建他们的个人叙事，以深刻的方式成长。不过，这些人可能会告诉你，若非付出惊人的努力，这些改变就不会发生。克服苦难的童年经历非常困难。相反，健康的童年是一种慰藉、一份礼物。再读一遍上面的清单吧，性格、良好习惯、信仰、健康的人际关系——这些礼物正是我们希望我们所爱的孩子能得到的，而童年就是用来装这些礼物的盒子。

拯救童年不仅仅是个聪明或新潮的想法。当我们馈赠孩子童年时光（健康成长的空间和养育方法）时，我们实际上是在改变历史。我们在培养勇敢、自我牺牲、正直的人，感恩和关心地球的人，捍卫弱者权利的人，被爱并有能力爱他人的人，有智慧在医学、工程学和政治学上开拓新领域的人，从优秀的书籍中吸收精华、撰写新著作的人，以及能够引领家庭、公司和国家的人。

拯救童年，实际上是在塑造下一代。

多年来，我一直很喜欢"让孩子做回孩子"这句话，所以毫不犹豫地用它作为这本书的书名。但是当这些想法开始形成故事和章节的时候，我意识到，我需要为这个书名提供一些视角，做一点点解释。对我来说，最好的办法就是和你聊一聊我家的花园。

我们在园艺方面是彻头彻尾的失败者，只有一个夏天除外。那个夏天，每天下午 4 点半都会下 22 分钟的雨，好像空中有个洒水系统，于是我们收获了美味可口的西红柿。除此之外，我们再也没有像样的收成了。每一年我都在想：这是最后一年，我们再也不摆弄花园了！我知道我说的不太合时宜，但我是在告诉你，我们是很糟糕的园丁。我们一开始很坚定,全家去了劳氏公司,挑选了我们喜欢的植物,翻了土,把那些小种子种在土垄上,然后浇了水……浇了差不多一个星期的水。

然后生活接管了一切,要保持花园的活力就变得很困难了。偶尔我会突然想起来,冲着我那正埋头吃燕麦粥的儿子大喊:"去给花园浇水!"他就窜出门去浇水。接下来很长时间,我们又什么都不干了。每隔三周的周日,我丈夫会除一次草,捡回来几个辣椒,但一般来讲我们什么也不做。我们仅仅种了些东西,然后就不管了。

事实证明,你不能只种下东西就放任不管了。事实上如果你真这样做了,虫子就会吃掉你的小黄瓜,西红柿藤也都会变得枯萎干硬。然后,当你临窗眺望你的花园时,你就会因负罪感而忧虑,因为你不但没有收获美丽、丰饶的成果,还由于偷懒,把自己的业余爱好变成了一种令人尴尬和内疚的存在。

这就是你在花园里种了植物后让它自生自灭的结果。你明白我要说什么了吗?

回到"让孩子做回孩子"的话题,我太爱这句话了。它使我联想到爬树、读好书以及在洗衣机旁等待心爱的毛绒玩具朋友被洗得干干净净、暖暖和和后拿出来时的温柔。它让人回忆起用床单和垫子胡乱搭起的、壮观的客厅堡垒;回忆起被爸爸"挠痒痒怪兽"追着满屋子跑的情形。想到自己的童年是一份多么美好的礼物时,我不禁哽咽起来;而想到现在我的孩子可以无忧无虑、无拘无束,我

5

又激动不已。孩子就应该做回孩子!

不过,我要直截了当地告诉你,让孩子做回孩子不是简单地放手,而是需要付出一些代价,通常类似于一大堆讨厌的工作。你可能会汗流浃背、脏兮兮,也可能会肌肉酸痛。但最重要的是,你一天都不能忘记"让孩子做回孩子"这个信念,因为它需要食物和水来生长,它是很复杂的事情。

所以当我强调"让孩子做回孩子"时,它大多不是指消极和被动,它不是精疲力竭时对职责的放弃,不是一天结束时以失败收场,不是自由放养,不是无人监管,不是"哦,管他呢"那样的放任不管。要让孩子做回孩子,我们就必须成为成年人;要让孩子做回孩子,我们就必须是努力工作,以使孩子成长的忠实园丁。当然,我们的努力是值得的。

当我坐在餐桌边写这本书的时候,对我而言世上最珍贵的三个人正在楼上。一个坐在灰色的旧椅子上摇来摇去,荡着双脚读着小说;一个穿了全套医生行头,正为下午的预约准备工具;还有一个正用乐高搭建一道攀岩墙,"你想上来看看吗,妈妈?"他开心又兴奋地问道。

这是一本关于为搭建乐高腾出地盘、为毛绒动物看病和午后漫不经心阅读的书。它与为家人留出时间、在前院修建自制自行车坡道有关,与学生时期尴尬的照片、死胡同里的棒球赛以及人行道上的泥巴有关,它与保留想象与错误、棋盘游戏以及扮成蜘蛛侠去杂货店有关。这是一本关于保留童年的书。让孩子做回孩子。

很高兴因为我们记得童年最爱的是什么，因为梦想着如何给孩子最好的礼物，你和我一起踏上了这段旅程。你会注意到，这本书有个独特的设置，我写了10个"童年的礼物"，我没有把每个礼物都写进一个冗长、主题杂乱的章节，而是把它们分成了若干篇短文。

孩子是花园中绽放的各色花朵

我没有成功管理过一个花园。老实说，养育我的3个孩子已经消耗了我太多精力，让我再养活36棵小植物似乎已完全难以应付。但是购买了乔氏超市的室内盆栽植物后，我对植物的了解正慢慢深入。

事情的经过是这样的。我走进去时，看见那些装在经典的"乔安娜·盖恩斯（Joanna Gaines）①风格"花盆里的漂亮的绿色小东西在向我招手说："带我们回家吧！你不会养死我们的，我们很好养。"鉴于我在园艺方面的过往表现，这些可怜的家伙胜算不大。果然不出所料，我养死了差不多半打。

然后，那棵"扭转乾坤"的植物出现了。我婆婆把她的瑞典常春藤枝剪了一根给我，声称它"不麻烦"。我很快就喜欢上了这株长着圆圆叶子的蜿蜒细藤。最初，这株常春藤的曾祖母曾和约

---

① 美国知名生活风格设计师。——译者注

翰·肯尼迪（John Kennedy）总统一起住在白宫呢！你能相信吗？我婆婆的一个朋友送给她一根剪下来的枝条，然后我得到了更多的枝条。在相当长的一段时间里，约翰·肯尼迪的常春藤的外孙女一直长得不错，后来……警讯出现了，叶子发黄发蔫，植株枯萎了。我又养死一棵植物！

这次失败让我很不好受。我厌倦了看着凄惨孱弱的植物，厌倦了感觉自己是个糟糕的植物妈妈，盆栽植物在我的照看下枯萎的事情该结束了。我做了任何有自尊心的现代女性都会做的事：打开笔记本电脑，上网搜索了"如何养活室内植物"以及"为什么我的植物要死了"。

我了解到，我一直在对我的盆栽植物做表面文章，做我认为植物需要的事情。可事实证明，植物很挑剔，你需要分别关注它们每一株，留意叶子和土壤，关注每一株需要什么，并观察它对环境的反应。通过这次研究，我明白了可能你们都已经了解的知识：浇水过多是盆栽植物死亡的主要原因。我还学会了识别浇水过多和浇水不足的迹象，懂得了如何判断植物是否有良好的排水系统。

后来我开始观察我的植物，真正用心并有针对性地调整养护方法。

我意识到，过去我一直在盲目地浇水。事实上，钢琴上那棵植物正泡在一英寸[①]深的水里，卧室里的两盆植物几乎得不到充足的

---

① 1英寸≈2.54厘米。——译者注

光照，有一棵的根都露出来了，而另一棵需要换盆了，如此等等。有意思的是，即使是相同品种、你以为你可以预知如何照料的植物，也需要不一样的照料。

仅仅过了几天，我就开始看到我的劳动成果，那简直是令人难以置信的满足。我见到了长着翠绿叶子的幸福小植物，而不再是无精打采、每周都掉叶子的可怜植物。

我注意到了其中的相似之处。

如果一棵简单的盆栽植物的繁茂生长都需要个性化的照顾和关注，那我们的孩子需要多少关注和照料呢？

这本书提供了养育健康孩子的很多基本要素：童年时期的水、光照和肥料。但和植物一样，孩子也很挑剔，他们需要关注。你不能臆断对第一个孩子管用的方法对下一个也管用。最重要的是，你不能只把他们带回家，扔在地上，然后继续忙你自己的事。

昨天我无奈地把我的一棵盆栽"伤员"丢进了垃圾桶，它养不活了。不过没关系，没什么大不了的，我们的生活会继续。但是孩子极其重要，这些无比复杂的人类被赐予我们来管理和养育，风险极高，照顾他们是我们今生最伟大的使命之一。

当你读到书里的故事和建议的时候，请记住以下两件事。

1. 照顾你的孩子是你莫大的荣幸，这是一项深刻的、具有永恒影响力的使命。 既然你费心拿起这本书来读，我想你已经认识到了这项使命的严肃性。你已经在做第一步了，所以表扬一下自己吧。

9

你赋予了养育孩子这件事恰当的荣誉和应有的美德，而当你这样做时，你所身处的文化却会让你觉得，好像有无数其他事情比这更重要或与之同等重要。你对此已经心知肚明，好样的！

2. 你必须关注孩子，并愿意彻底改变现状。 举个例子，我孩子在家上学，你知道一共有多少种在家上学的教育理念吗？数以百计！你可以是经典传统的夏洛特·梅森（Charlotte Mason）的"非学校教育"派，也可以是蒙特梭利（Montessori）的家庭教育派，这里只是略举一二。悄悄告诉你，我甚至都不懂其中有些词是什么意思。有整整半年时间，我都想当然地认为夏洛特·梅森与梅森罐有点儿什么关系，结果原来她是一个人。我一直认为，顽固地坚持这些理念中的某一种有点愚蠢，你怎么知道你所有的孩子全都会因为这个或那个特定公式而茁壮成长？你怎么知道你孩子的需求不会改变？你怎么知道（深吸气！）你有一天不会彻底放弃在家上学的理念而把他们送到学校去？

我尝试着宽松地坚持我的理论和实践，并且定期对每个孩子进行评估，看看他/她下一阶段需要的是什么。我请求你也这样做，我们的目标并不是恪守某一种理论体系，而是由于你关注了每株植物或每个孩子的个性化需求，因此能经历和见证他们的茁壮成长。

我相信我在这本书里写的都是事实，但它们不是公式。值得高兴的是，很多养育方法是可以学习的。我以前对植物不在行，但现在也有所了解了。我们可以关注、学习和成长，成为我们家里的植物和孩子的好看护。这只是需要一些努力而已，不要害怕亲身去实践。

在孩子的童年中开启你的父母生涯

我确信这本书里的话都是真实的,我相信这一点。但我也知道,这些话是否真实并不重要,重要的是对你来说,它们是否能成真,是否感觉真实。

我在社交媒体上关注了一位妈妈,她会时不时地发些帖子,介绍她家优良(得烦人)的传统,帖子里说一天结束的时候她的孩子们会一起打扫屋子。这些帖子对我的影响难以言表。

起初,我感到难以置信。什么样的10岁男孩会在吸尘的时候笑成那样?接着我感到很尴尬,想起我上一次要某人吸尘时的情景,大概就像我让他们一粒一粒地捡起5磅[①]的糖一样容易吧。然后,说实话,我开始对这个妈妈有点生气。她是不是觉得,因为她的孩子喜欢刷马桶,所以她就比我们好?她就是这样想的!她很骄傲!太过分了!紧随所有这些感觉之后到来的,是一种清晰又熟悉的沮丧,在让孩子们打扫卫生方面,我是个失败者。唉!带着更多的自我怀疑和孤独,我回到我那未打扫的房子。

这些消极情绪非常不恰当,当然,这是我的错。这位妈妈正在做一件很棒的事情,她为自己感到骄傲,她应该为自己骄傲。她在清洁传统上花费了大量的努力、时间和耐心,而她的孩子们也学会了一项特别值得赞赏的技能,这也是我的孩子有必要学习的技能。

---

① 1磅≈453.59克。——译者注

但是，当你被提醒自己做得不够好的时候，你会很痛苦。我们有些人在养育孩子的某些方面不擅长，有些人已经养成了一些习惯，也有点知道那是坏习惯，可我们觉得孩子不会对改变有很好的回应。

这一点至关重要。如果你从头到尾把这本书看了一遍，只是为了再确认一下你已经在做的事情，那么坦率地说，你应该把时间和金钱花在别的事情上，比如整理阁楼或者去星巴克买一杯溢价饮料。你看，真正的价值来自我们在弱势领域里的成长，而真正的财富是我们可以在我们的弱势领域里成长。

上周，我又看到了我在社交平台 Instagram 上的偶像炫耀了她在一天结束时清洁工作的成功，至少这一次我改变了想法，决定用她的话激励我采取行动。我从与自己对话而不是倾听自己开始，我没有抱怨或评判，而是让自己说："我也能做到。"

第二天早上醒来时，我有了一个将这个新事物付诸实践的机会。事实证明，我需要帮忙，我有 729 件事情要做，我那三个健全的孩子没有理由不帮我把有些事情从清单上划掉。我让他们坐下来，然后分享了我的心声——这是一种现代的说法，意思是我诚实地告诉他们，在我们去海滩度假之前需要做的所有事情已经让我筋疲力尽、不堪重负。我告诉他们，我们是一家人，家人之间要互相帮助。我写了一份清单，列出了他们每个人必须做的具体家务，然后我坚持到底，让他们负起责任。哦，这才是最糟糕的部分，我们都是这方面的新手，所以我不得不忽视一些咆哮，打断一些争论，教某人如何正确整理床铺,伴随着我的拥抱、鼓励、训斥和提醒。这真是一项艰苦的工作,不过最终我有了一所干净的房子(虽然不是很明显),还有一些其他的收获(非常明显):我的孩子终于掌握了他们迫切需要掌握的技能。我无比满足。

我会在这本书里分享很多观点,有些是你和你的家人完全没听说过的,它会让你觉得像社交媒体上拿着吸尘器的孩子一样又可笑又讨厌。你可能会发现有些内容让你感觉被刺痛或者让你翻白眼儿,有些事情让你想合上书或者想取笑我。别这样。不是因为我害怕这些,而是因为愤怒的感觉预示着成长的机会。

我对 Instagram 上那位妈妈的愤怒,实际上是心底的直觉在告诉我,孩子可以自己叠衣服,在我因为家务琐事忙得不可开交的时候,他们不应该跑出去荡秋千或者打架。同样,你体验到的任何负面情绪可能都是你的直觉在告诉你,你家需要有所改变。有时候,如果我们对别人产生了模糊的或者不太模糊的愤怒,那是因为我们想要做出改变。

读这本书的时候,如果有什么东西刺痛你,让你想无视它,那就首先问问自己这个问题:我想在这方面做出改变吗?抛开其中的情绪,诚实地回答:我想改变吗?如果想,我的建议如下。

立即行动起来。我是从辛迪·罗林斯(Cindy Rollins)那里学到的这一点。她说,如果妈妈们担心自己没有做该做的事情,那就"马上站起来去做那件事……有一次,我们在狂风暴雨中漫步,以平息我心中因很少在大自然中漫步而产生的挫败感"。针对这类事情，我习惯于举行长达一周的复盘会议，分析停摆原因，然后制订出庞大的 27 步计划来解决问题。但也许用虽小但实际的方式立即付诸行动更为合适。孩子们是否有一阵子没去外面玩了？那就关掉电视，让他们都去骑自行车。

对孩子诚实坦率，即使这意味着告诉他们你错了。解释你的新思路，为过去的事情道歉，告诉他们这对你来说也很艰难。

像个家长的样子。我承认，有时候不知怎么地，我会很难让我的孩子做一些像叠毛巾之类不受欢迎的事情，允许他们继续在蹦床上蹦跳什么的要更容易些。我可能需要咨询一下，弄明白这是怎么回事，但我经常不得不提醒自己："别怕，你是妈妈。你知道他们需要这么做，你要像个家长的样子。"

不要害怕阻力。培养孩子的性格是一项工作，它有时很艰难，比如听孩子大声朗读的最初那几个月，或者解决争执并促成道歉的时候。再比如，让孩子把偷来的东西还给朋友，然后你向那位妈妈道歉的时候，或者帮某个孩子重拖一遍地板（椅子下面明显还干着呢），或者陪一个受罚的孩子待在家里的时候。做别的有趣的事情可要容易得多。并非只有你一个人觉得艰难，也许你迟早会感受到内心深处（有时会非常非常深）的信心，相信你做了正确的事情。

记住，没人是从一张白纸开始的。我是说，也许大千世界中有个别人是，如果你是他们中的一员，那此刻我们要暂停一下，给予你应得的赞扬。如果你怀着或者还没有怀上你的第一胎，正躺在舒适（安静）的沙发上阅读这篇文章，那就请沉浸在这一刻吧。虽然你看不到我们,可现在我们都站起身,跨越时空向你这位100分的未雨绸缪的(未来的)家长致敬。因为,你,我的读者朋友,正在做我们大多数人没有做的事情。对于大多数阅读这本书的(以及写这本书的那个)妈妈而言,现在的养育习惯早在数年前、甚至数十年前就已经开始了。而这意味着我们有些事情做对了,也有些事情做错了,或者更确切地说,我们正在做对一些事,而有些事却处理得不太好。

亲爱的读者,从父母生涯的蓝图阶段就开始阅读这类书籍只是一种幻想。更常见的情况是,这栋"房子"我们已经建好了大部分,而且我们已住在里面。我们已经在早餐台边吃饭,在(未完工的)卧室里睡觉。房子里灯光闪烁,电器嗡嗡作响。而我们看着那些胶合板说,我本该用别的材料来建造那面墙,那里我应该选别的材料,或者房子的某个地方真的不好。事情的好处是,我们可以做出改变,我们不是生活在不可撼动、一成不变、用水泥墙和煤渣砖砌成的房子里。我们可以想办法把弯曲的墙壁弄直,把窗台整平,把蹩脚的地毯扯掉,安装我们需要的新的硬木地板。我们可以对我们的家进行改造。

你需要培养至真至纯的孩子

有一个活生生的榜样是特里西娅·戈耶(Tricia Goyer)。迄今为止,她已经写了72本书。而到目前为止,我只写了一本半,还整天大声抱怨,用我内心深处的素材来拼凑出艰难的每一章。特里西娅显然是这些素材中的超级巨星。

她还是一位摇滚明星妈妈,虽然她可能会对这个头衔皱眉,但这样说不会错。我这样说的原因是,她和她丈夫已经度过了育儿、拼车、洗脏盘子的人生阶段,她的孩子都已被成功地养育成人。作为父母,他们已经到了可以放松也理应放松的阶段。可是正相反!特里西娅和她丈夫没有陶醉于新得到的自由,反而重新开始。他们先是寄养了几对兄弟姐妹,后来又领养了他们。等一切尘埃落定后,他们又给自己的戈耶家族增加了第二批大孩子,一共七个,其中很多孩子是背负着巨大的伤痛到来的,他们可能不曾拥有我在书中理想化了的童年。

我发现这些孩子能够成长、成熟并治愈,也发现了这种治愈是如何产生的,这两点都令人鼓舞且让人着迷。特里西娅选择让这些孩子在家上学,因为她和他们在一起的时间太短了,而且她希望他们能尽可能多地感受到家庭的庇佑。这是一段什么样的时光呢?孩子们把上学的时间用来听家长读书、在厨房做饭、在户外玩耍、骑自行车,以及一起旅行。她谈到孩子们起初如何回避退缩,而最终又如何珍惜这段时光。我不想简化这个故事或结局,我可以肯定,收养后的治愈和转变可能是非常困难和漫长的过程。但是我想在此强调的是,在某种程度上,这些孩子可以"回到"并享受童年的纯真,我猜测他们需要这样才能治愈。

我们大多数人抚养的不是背负着严重创伤经历的孩子(虽然我们中间有一些人抚养的是这样的孩子。对这些人,我希望你们能感受到这份令人难以置信的工作的力量,我对你们深表敬意)。不过,就算我们很多人没有抚养过有复杂心理创伤的孩子,也没有谁拥有具有完美习惯的未被雕琢的孩子。

我们的孩子已经见过我们不希望他们看到的东西,已经知道我们不希望他们知道的事情,已经养成我们不希望他们养成的习惯。可能我们难免会觉得,现在读到这些文章为时已晚,已无裨益。

谢天谢地,事情并非如此。

即使你读这本书的时候已经是一个30多岁的成年人,对你来说,要改变也不算太晚。另外,进行冒险,改变不健康的使用技术的习惯,恢复玩耍和想象力,重建生活中的平衡、礼仪和对生活的信仰,都不算太晚。既然这些对你来说都不算太晚,那对你的孩子来说自然也不算晚。

这是因为有三件事是真的:

- 我们可以学习或重新学习如何享受简单的快乐;
- 我们可以培养新的习惯;
- 纯真可以修复。

比如,沉迷于电子游戏的孩子可以不再沉迷,反而学会享受户外活动;不喜欢《大草原上的小木屋》(*Little House on the Prairie*)或《棚车少年》(*The Boxcar Children*)之类经典童书的孩子,可以学会阅读并喜欢上它们;即使是那些没有毅力或礼貌的孩子,也可以学习其中一种或者二者兼得。

童年充满希望。希望并非在抽象的、白纸一样的未来的孩子身上，而是在你的孩子身上，在你家的孩子们的身上。

读这本书的时候，答应我你不会失去希望。你读到的这些品质强大又真实，值得为之奋斗。不要绝望，改变是有可能的。

第二章

来自冒险的礼物：
收获成长的礼物

童年是一座花园：让孩子做回孩子

上大学时，我自愿做高中生的青年生活领袖。你要知道，这完全不符合我的性格，青年生活领袖往往是疯狂、有趣、自信、爱冒险、充满欢乐的那类人，这些词里没有一个能形容大学新生杰西卡（指作者自己）。大多数时候，我是胆怯、矜持、受保护的私立学校完美主义型学生。突然之间，我被推进一个全新的世界，那里有笑声、疯狂短剧、吵闹不羁的公立学校九年级学生，那里还有我一生中最有趣的事情。当青年生活领袖是我做过的最好的决定，它让我与我的丈夫相遇、为我带来大大的自信、美好的回忆以及我几乎所有的密友，它还提醒我什么是美好的生活。

对于 2006 年在宾夕法尼亚州西部担任青年生活领袖的我们来说，我们要向孩子们展示真正的美好生活；我们要告诉他们，他们试图探寻人生、乐趣和幸福的方式并不能满足他们，但是，在发现自己的存在意义后，他们可以找到满足感。

我们服务的那所高中充满了问题青少年，他们喝得酩酊大醉，在壁橱里进行性行为，服用过量的非处方药来麻痹施虐的父亲带给他们的痛苦，有些孩子的母亲死于癌症，有些孩子发现了父母的婚外情。我们邀请他们来到我们身边，通过一些怪诞的活动向他们展

第二章　来自冒险的礼物：收获成长的礼物

示真正的、实实在在的乐趣。我们做了些疯狂的事情，比如放声高歌《情归阿拉巴马》(*Sweet Home Alabama*)，我们把棉花糖塞到嘴里唱起字母表。他们看我们扮成乡巴佬伐木工、相扑选手、上衣口袋里别着钢笔的书呆子和乡下流浪汉，我们像疯子一样绕着舞台跳舞，他们笑得泪流满面。我们让他们裹一身卫生纸，耳朵上挂着圣诞饰品；我们让他们随着乡村蓝草音乐跳方块舞；让他们爬山、乘坐急流木筏，凌晨五点起床去看日出。

作为青年生活领袖，我们并没有发明美好事物。没有，我们只是花时间祈祷，希望喜乐充盈我们的心房，然后我们握着这些孩子的手，带他们到悬崖边，屏住呼吸，向他们展示美好生活会是什么样的。

我说如今的孩子需要冒险，这并非一种旁门左道的观点或无关紧要的想法。不是说我需要一个章节，虚构些多余的内容来给这本书注水。不是的，我把冒险写进书里，并把它放在第一条，是因为它是必不可少的内容。作为美好生活的一部分，冒险实际上是这本书的基础，同时也概括出了家庭的使命。

你的孩子需要看见美好的生活，他们需要亲身体验它、呼吸它、品尝它。他们需要爬山，欣赏风景，体验真正的心跳加速的冒险所带来的额头冒汗和膝盖破皮的感觉。这个世界扔了太多的垃圾给他们：仿造的乐趣、虚假的娱乐、伪造的快乐。世界把这些扔给孩子们，孩子们也完全接受了它们，就像鱼把饵钩、渔线和铅坠一起吞了下去一样。他们的抑郁和焦虑到了前所未有的极高水平。虽然孩子们比上一代有更多的娱乐活动，但是他们却更无聊，更不满意。他们是有史以来与技术联系最紧密的一代，可他们却声称更加孤独。

2019年《纽约时报》(The New York Times)上刊登的一篇发人深省的文章披露，现在的孩子比美国大萧条时期的孩子更抑郁，比冷战顶峰时期的孩子更焦虑。想想看，这是个令人震惊的研究结果。这篇文章援引了发表在《变态心理学杂志》(Journal of Abnormal Psychology)上的一项研究：

> 2009—2017年，14～17岁人群的抑郁症发病率上升了60%以上，而12～13岁人群的发病率上升了47%。这不仅仅是诊断增加的问题，2007—2015年，在急诊室就诊的有自杀念头或曾试图自杀的儿童和青少年数量翻了一番。

文章总结说："简而言之，孩子们的状况不佳。"

童年时光是如此短暂，这些宝贵的岁月应该洋溢着生活中必有的兴奋与快乐，不该过早出现精神疾病和不快乐。

我也明白，这18年可以拖得很漫长（婴儿不眠不休的夜晚和初中时期的激素分泌）。我希望你理解，我并不是翻身下床叫嚷着"今天我们要做什么冒险的事啊？孩子们"那样的人，冒险不是家庭的表象，而是深潜在家庭下面的骨架，塑造着事物的形状。

我们给袜子配对，看《幸运转盘》（*Wheel of Fortune*）节目，吃火鸡三明治，做大家都做的各种枯燥的生活琐事。但在这一切的深层，我和我丈夫渴望向我们的孩子展示美好生活。在接下来的内容中，我将展示爱冒险的美好生活的一些特质。可能不止我列出的这些，不过我只确定了以下五种：

- 风险和独立性；
- 欢笑；
- 大自然；
- 挑战和成功；
- 新鲜事物。

其中每一项都有助于让你的孩子体验冒险带来的好处。不仅仅是你的孩子，我想你也会乐在其中。

在冒险中培养孩子的独立性

孩子们需要体验刺激，而且他们无论如何都会去体验的。要么有健康的发泄方式能提供空间和示范，要么他们会通过其他方式找到刺激。虽然说所有的孩子都需要它，但有些孩子比其他孩子需要得更多。如果你熟悉九型人格类型，你就会知道，作为第六型人格，我的核心情绪是恐惧，这导致我花费了大量的时间和精力来逃避真实的或感知到的危险。严格说来，我不是所谓的寻求刺激的人。我这么说，是为了让你们对我个人冒险的例子多加留意，不要太嘲笑我。

我上大学时，我的一些朋友有个关于塑料驯鹿装饰品的传统，就是那种人们放在院子里为圣诞节做装饰的驯鹿。我们会在晚上开车进城，一旦发现一个有驯鹿的院子，那些家伙就跳下车跑进院子，把驯鹿摆成有趣的姿势，然后他们冲刺回到车上，赶紧离开。我把问题留给你，让你想象一下大学生们会为塑料驯鹿摆出什么样的姿势（我保证我从来没有给驯鹿摆过姿势，我只是个司机）。在担当这种不体面活动的逃亡司机时，那个被庇护的18岁大学女生从中所得到的兴奋感是巨大的。

我并不是把这个活动当作社区服务的巅峰，但是就大学生的潜在不端行为而言，我认为它还是相当良性的行为。

大学里充满了这样的冒险。某个星期五的晚上，我和朋友凯蒂偷偷溜进我们男性朋友的宿舍，做了一些离谱的事，比如帮他们整理床铺这样的（哦，真是疯狂）。我们给他们留下了神秘字条，偷吃了他们的日本拉面，然后向他们的室友打听情况。我丈夫列出的"我在大学里的冒险"清单更好玩，但我的孩子有一天可能会读到这本书，我不想给他们提供那些点子里的任何一个。我的观点是，鬼鬼祟祟几乎是一个人能拥有的最有趣的感觉之一。这不是很有意思吗？我们是为冒险而生的。

我特别喜欢我的夏威夷朋友、《男孩妈妈》（*Boy Mom*）的作者莫妮卡·斯旺森（Monica Swanson）对此的说法。她认为要竭尽全力保护她的孩子们的心灵，但也要给他们极大的自由去承担身体上

第二章　来自冒险的礼物：收获成长的礼物

的冒险：

> 虽然我对保护我孩子的心灵深度关切，但我和丈夫坚信要鼓励他们体验健康的冒险和适当的风险。我们的儿子卢克11岁的时候，他开始在以潜在致命危险著称的海滩上玩极限冲浪（我保证，他已为此接受过训练）。我家所有的男孩都是狂热的矛枪捕鱼手，夏天他们会带着强大的捕鱼枪潜入海洋深处……我们给他们自由去面对合理的风险。

作为一个容易忧心忡忡的人，一想到我的儿子们在深水中用鱼叉捕鱼，我就几乎喘不过气来。但讽刺的是，我有一种直觉，莫妮卡的孩子们准备做的那些深海冒险，远没有让孩子在室内"安全地"摆弄一堆科技设备危险。

我们如何才能帮助孩子找到正确的冒险方式呢？办法几乎是无穷无尽的，而且可以根据你住在哪里、你周围有什么样的资源而变化，不过，这里有一些很好的老办法。

- 手电筒追逐赛、夺旗游戏、激光束游戏或者彩弹射击游戏。
- 寻宝游戏（我叔叔曾经为我们每个人创造了精心设计的、个性化的寻宝游戏，让我们在祖父母的100英亩[①]的马场上找到我们的复活节篮子，我们玩得很开心，我还记得其中的一些线索）。
- 具有挑战性的体育活动，比如滑雪、乘雪橇、骑山地自行车、

[①] 1英亩≈4046.86平方米。——译者注

童年是一座花园：让孩子做回孩子

漂流、绳索攀爬和滑冰。
- 任何你孩子创造的、看起来有点危险的离谱装置或搭配。

哦，对了，最后一点：孩子们实际上都是专家，能自己发明办法来测试自己的极限，如用土堆修建自行车坡道，用枕头在楼梯上坐"过山车"，在床垫上滑滑板，把皮带系在一起从楼梯上绳索垂降。我不想被贴上性别歧视之类的标签，但是根据我的个人经验，男孩子在设计这些类型的场景方面特别出色。我对这些事情的本能反应通常是某种版本的"天啊！这太不安全，请马上停止！"但事实是，我们必须允许他们以健康的方式承担风险，满足他们与生俱来的冒险渴望，这样我们才能和他们一起经历，并帮助他们成长。

有一次下雪后，邻居家爱冒险的孩子们在某一家的前院搭建了一个巨大的滑雪跳台。这没什么问题，只是那个方便跳跃的顶峰位置实际上是一个电力变压器，上面贴满了醒目的标语："注意！请勿触摸！"于是我们讨论了以下内容：（1）阅读张贴的警示语；（2）远离电力设备——这些都是很好的提醒。让他们在大千世界里撒野之前，你为那些永远禁止的事情划定明确的界限是一个好主意。如果你愿意的话，可以制定一套"游戏行为家庭规范"。以下是一些建议：

- 禁止伤害人或动物；
- 禁止损毁不属于你的财产；
- 禁止强迫别人做他/她不想做的事情；

第二章　来自冒险的礼物：收获成长的礼物

- 禁止做大人告诉过你不要做的事情；
- 你有一个好用的头脑，多动脑筋。如果有些事看起来像坏主意，可能它就是坏主意；
- 如果你需要帮助，我就在你身边。

一旦孩子知道了规则，就给他们一些空间，让他们玩。

你知道什么才是最了不起的吗？是发现这样的冒险：

- 需要对他人表示友善；
- 需要勇气去帮助别人。

你可能得帮他们想出一些主意。按照飞车路过式祝福的思路，把礼物或礼品卡放在需要它的人的门口，按响门铃，然后飞驰离开。这和用厕纸裱糊别人房子的恶作剧相似，只不过是善意的。与这类恶作剧不同的是在圣尼古拉斯节送拐杖糖。既然圣尼古拉斯以其慷慨闻名，你就在12月6日（圣尼古拉斯节）找一个需要关爱的家庭，天黑后开车去他们家，偷偷地把真正的拐杖糖插在地上或者他家前廊的花盆里。你把礼物留在门前台阶上，按响门铃，然后飞奔消失。给我分享这一传统的朋友说，她的孩子们感觉做这种事情的时候偷偷摸摸的，就像秘密行动的海豹突击队一样，这让他们非常兴奋。这是多好的给孩子的礼物啊——冒险的快感和帮助别人的快感。我的孩子至今还在提起一件事，那一次我们发现一只雏鸟在泳池里扑腾，就用浮条和网子把它捞了出来。我们只能把它舀进一个塑料潜水玩具盒里，然后用婴儿车把它带回家，照顾它恢复健康。对三岁和五岁的男孩来说，这绝对相当于一次史诗般的救助冒险（悄悄告诉你，在我们吃晚饭的时候，那只小鸟从车库里消失了，我不相信它那么快学会了飞，我必须一吐为快）。

随着孩子长大，独立就随着冒险而出现。我认为，当孩子渴望更独立时，就会变得焦躁不安、喜怒无常。在我大儿子大约八岁时，有一次我注意到他又无聊又不爽，简直都不像他了。"伙计，你想不想骑自行车到附近转转——单独骑？"他的眼睛像萤火虫一样亮了起来，他还从来没那样做过。我送他出去，提醒他一些规则，告诉他最坏情况下的解决方案（我忍不住），然后他就去了，他的情绪明显地好转了。与年龄匹配的独立性满足了孩子内心的各种需求，这种独立性常常伴随着大量的"哇，你现在真是个大孩子啊"，这不同于没有监督或者只是无视他们想做什么就做什么。让孩子拥有正当的独立性是："我看得见你，我关注你是谁，关注你能做什么。这是个新挑战，而你能做到。如果你需要我，我就在这里。"

不久前，我儿子和他们的表兄弟姐妹们发现，如果他们爬上我姐姐家院子后面的栅栏，就能看到一大片杳无人迹的土地，那里到处是杂草丛生的灌木、小溪和水坑、被丢弃的宝物、蛇（从未证实，只是想象）、狂暴的狐狸（同上）和熊（我是说……有可能出现，对吧）。男孩们给这片狭长的土地命名为"男人领地"，这让他们势单力薄的女性表亲——表妹凯蒂非常失望，她请求用一个政治上更正确的名字，比如"人类领地"来命名（但被否决了）。

第二章　来自冒险的礼物：收获成长的礼物

孩子们热爱"男人领地"，每天都央求去那里。不能去的时候，他们哭得很伤心。

它有什么好呢？一个男孩因此得了毒藤皮疹，最后严重到要口服类固醇。好几个孩子扯破了裤子，身上沾满泥巴，浑身湿透。那里只不过是一片杂草丛生的荒芜之地而已。

但他们是独自在那里，他们是在冒险，无人监督地冒险。成长中的孩子需要他们自己版本的"男人领地"，一个可以假想、冒险和创造的地方，一个类似于洛克萨博克森（Roxaboxen）[①]、可以建造自己村庄和"殖民地"的地方。当某个"男人领地"让他们觉得枯燥和幼稚，并最终被遗弃时，他们就需要开辟一条新的道路，找到一个新的领地。这就是造就了童年的冒险。

让单纯的欢笑激发出孩子最好的一面

我在前面提到过，我在大学期间是一名青年生活领袖。有一年夏天，我邀请了我认识的一些高中女生和我一起去参加纽约阿迪朗达克山的青年生活夏令营。这些特殊的女孩们正深陷于某些困境。怎么说呢，在她们人生的这个当口，并没有太多玩拼字游戏或者烤饼干之类的事情发生。

[①]《洛克萨博克森》是一本儿童绘本，作者是艾丽斯·麦克林伦（Alice McLerran）和芭芭拉·库尼（Barbara Cooney），讲述的是孩子们把一片玩耍的地方当作自己的领地，并且命名为"洛克萨博克森"的故事。——译者注

她们同意和我一起去露营。到那里的第二天晚上，我告诉她们穿上法兰绒衬衫，因为我们要去参加一个方块舞会。她们看着我，就像看外星人似的。经过好一番劝导和争论，我总算把她们带出了门。

我们来到了旧谷仓，那儿有俩打扮得像乡巴佬的家伙，正拍着膝盖弹奏班卓琴。当班卓琴手们开始大喊指令的时候，他们朝我翻了一个狠狠的白眼儿，指挥道："两个两个一组！让你的舞伴转起来，转转转！"10分钟后，站着高中生们的整个房间已经变成了一个老式的乡村庆典方块舞会，而这些孩子喜欢它！房间里没有一个人不是笑着的。这真的是货真价实地好玩，毫无疑问，比他们以前玩过的更好玩。

如今很少有孩子享受真正的欢笑。当然，他们知道如何开别人的玩笑，他们知道如何奚落或嘲弄别人，如何挖苦别人。他们确实知道那些！被纯粹的、没有杂质的快乐所征服的那种欢笑是生命中最好的礼物之一，然而这种单纯的欢笑被享受的却如此之少。现在着手把这种乐趣介绍给我们的孩子是件好事，这样他们就不必等到十几岁时才意识到真正的乐趣比他们可能参与的非法活动要好。

我还记得第一次意识到自己有能力把快乐带给我的孩子的时刻，作为一个新手妈妈，我曾在孤独、产后抑郁和焦虑中挣扎了很久，终于有一天我得到了一个启示。当时我正喂我儿子吃桃泥加米饭和鸡肉（不要指责我，事情一言难尽），我和他玩躲猫猫，他歇

第二章 来自冒险的礼物：收获成长的礼物

斯底里地大笑，那种婴儿的捧腹大笑甚至能逗笑格林奇[①]，他正享受着最美好的时光。我突然意识到：除非我逗他笑，否则他是不会笑的，他可能一整天都不笑，但是如果我逗他笑，那他那天就会笑得很开心。这件让人恍然大悟的事似乎挺傻。但是，我肩负着给他带来快乐的重大责任（如果可以称之为重大责任的话），这种责任是一种天职。我有能力让这个可爱的小宝贝笑到肚子疼，也可以让他整天无所事事，无聊地坐在婴儿椅上。

这个小男孩（的精神力量）不断成长，现在他不需要我也会笑。他有从朋友那里分享来的笑话，有从书里读到的笑话。不过即使是现在，作为母亲——家庭的守护者、玩耍聚会的发起者、活动的选择者、遥控器的管理员、密码的设置者和电子设备的拥有者——我仍然是孩子们生活中影响力最大的人，我能以一种强有力的方式发挥这种影响力。

以下是你可以用来在家里鼓励真正的快乐和欢笑的几种方法。

对讽刺采取零容忍政策。我想，随着孩子的成长，你可以放松这项政策。不过你有没有注意到，小孩子不理解讽刺？对他们来说，讽刺既有伤害又令人困惑。我本人喜欢讽刺，我记得我第一次尝试着讽刺我的一个孩子时，完全搞砸了，我到现在还记得他眼里的伤痛。这也意味着，你不能让电视和YouTube里那些刻薄、讽刺的笑话陪伴着孩子。成年人能理解这些，但是孩子们不行，嘲笑别

[①] 格林奇（Grinch）是著名畅销童书《苏斯博士》（*Dr. Seuss*）故事里的主角，他心胸狭隘、脾气暴躁。——译者注

人这件事也是同样的道理。家庭应该是远离刻薄幽默的安全之处。

讲些有趣的故事。我发现现实生活的重重干扰对幽默感的影响很大，这正是我需要一个丈夫的原因。就我而言，我经常要么忙着寻找这个孩子的水壶，要么忙着给另一个孩子找一双干净袜子，要么惦记着给米饭调小火以免消防队又赶过来（真事）。我被这些事情弄得心烦意乱，不会停下来和孩子们开玩笑。不过每当我和他们开玩笑的时候，都能看到他们脸上的笑容，我就会想，为什么不多犯犯傻呢？

享受真正优质又有趣的娱乐活动。这里提供一些能让人发笑的书：《加菲猫》（*Garfield*）漫画、《派伊家的金吉尔》（*Ginger Pye*）、《小熊维尼》（*Winnie-the-Pooh*）和《警犬汉克》（*Hank the Cowdog*）等系列。

不要低估挠痒痒的招数。爱挑剔的宝宝也好，坏脾气的学步娃也好，喜怒无常的四年级小学生也好，毫无戒备的丈夫也好……一次悄咪咪的挠痒痒攻击对整个家庭氛围的改变实在是神奇。试试吧！

欢笑激发出我们最好的一面，它能让日子生辉，能减轻我们的负担，能提升我们的精神。每一天都要记得和孩子分享欢笑，你永远不会为此后悔的。

让孩子与大自然亲密接触

　　几年前，我和我丈夫预感到房车露营将是我们家的完美选择。我们的憧憬通常并不一致，比方说，他梦寐以求的生日派对，是在田纳西州的偏乡僻壤里拍打着蚊子飞钓；而我梦寐以求的生日派对，则是与我的75位最好的朋友在一家高档餐厅举行盛大聚会。但是在房车休闲生活的提议上，我们达成了一致。对我来说，这似乎是一种完美的方式，在冒险的同时又能保证我们安全又舒适地待在干净有序的环境里（我可不是控制狂）；而对他来说，好吧……又是飞钓呗。

　　我们精打细算地攒着钱，梦想着，计划着。三年后，属于我们家的那辆完美的露营车在50英里①外出售。那是一辆二手车，但厕所并不恶心（这一点非常重要），而且它已经在市场上待售了将近一年，所以它的价格处在谷底。我们买到手了！我们欣喜若狂。这一年里，连续七个月每个周末都下雨，我们不得不在半年多的时间里保持住热情，不过我们坚持住了。

　　当期待着周末旅行的我们第一次把房车停在家门口的时候，我给所有街坊邻居都发了短信，请他们来参观。几个好心的朋友和我感叹道：餐桌能变成一张床啊！有一个户外水槽啊！有三张双层床啊！我把车子从上到下都打扫了一遍，那是我表达爱它的方式。

　　在接下来的24个小时里，我们或买或从家里搬，往露营车里

---

① 1英里≈1.6千米。——译者注

运去了我们日常使用的几乎所有东西。我是不戴 Fitbit 记录器的，如果我戴的话，我觉得它可能会爆掉。接下来必须把那些东西全部在露营车里安置好，这样它们才能在时速 70 英里的短途旅行中幸存下来。这就意味着流不完的汗水和无数的弹力绳，以及把东西都塞进壁橱里。接着还必须打包三天所需的所有食物，以及烹煮它们时需要的所有用具。然后还得把露营车挂在卡车上，这时，我必然被委派在我丈夫倒车时望风，我的婚姻差一点就没熬过这一关。显然，有一种专门用来告诉别人如何移动车辆的语言，而我对它并不精通。我示意他往后倒（明明白白啊，各位），他却会往前走！或者我示意他往左边走，他就向右边开。

总而言之，等到全家人在卡车上系好安全带，所有该关的阀门都关好，该插的插销都插好的时候，我丈夫托德和我进行了类似这样的对话："我们简直是把整座房子打了包拖到露营地去。人们为什么要这样做？我们被骗了吗？"实话实说，我觉得更像是来来回回地为了它争吵（我有没有说过当时我们是如何汗流浃背的）。

等我们到了露营地，又发生了与所谓供水排污连接装置有关的小状况，我没想到预定露营地的时候必须特别注明这个。有谁听说过，你想预定一个出租屋的话，还必须告诉他们你需要马桶或自来水？唉，露营就完全不同了。

但是后来，快乐开始了。人们喜欢露营是有道理的，原因就在所有那些愚蠢行为之后的时刻，当你和你爱的人站在篝火前，身后是绝美的原野，伴着虫鸣蛙叫。这太值得了，真的真的太值得了！

第二章 来自冒险的礼物：收获成长的礼物

我发现我们的户外冒险总是如此，需要付出努力才能到达目的地，但之后会收获 10 倍的快乐。

孩子们活跃起来了。我可不是一个辞藻华丽、夸大其词的作者，听听我儿子亲口说的话："如果我们是在野营车里露营，晚餐吃同样的热狗，吃古怪的午餐，每天可以骑自行车，在小溪里玩耍，那就是有史以来最棒的生活。"

"有史以来最棒的生活"，实际上他们所做的事情简单到让我震惊。他们光脚泡在小溪里，生火，在岩石上摩擦熏黑的树枝，脱掉衬衫在涓涓细流的瀑布中挥溅。这可不是迪士尼的魔法。说实话，食物不怎么样——不是我最好的作品。我们并没有一大堆精致的探险装备，没有皮划艇之旅，没有漂流探险，也没有带向导的徒步旅行。我们只是把他们带到一条小溪旁，更准确地说，是他们靠某种与生俱来的导航本能马上找到了小溪，然后他们就活跃起来了。

尽管如此，敏锐的父母们还是会回忆起那些在小溪边收尾的工作（所有的汗水啊，弹力绳什么的），然后想到，走进大自然难道不是一项很艰巨的任务吗？

是，也不是。从某种意义上来说，让一群孩子穿戴整齐，拖着他们去冒险，绝对需要爸爸妈妈花费时间和精力。但是从长远来看是比较容易的，因为大自然会治愈和培养孩子。我在自己的孩子身上见证到，当他们在户外的时候，他们是怎样活跃起来的。临床研究更是观察到了这一点。畅销书《林间最后的小孩》（*Last*

童年是一座花园：让孩子做回孩子

Child in the Woods）的作者理查德·洛夫（Richard Louv）指出：研究表明，接触大自然可能是治疗注意缺陷多动障碍（ADHD）的有效方法，可以与药物治疗或行为疗法一起运用，甚至在适当的时候取代药物治疗或行为疗法。洛夫继续推测说，也许注意缺陷多动障碍是由于缺乏接触大自然而加重的一系列症状。他猜测："真正的障碍与其说在于孩子本身，不如说在于强加于他们的人工环境。"

回顾自己的童年，洛夫总结道："森林是我的哌甲酯[①]。大自然使我平静，使我专注，同时又使我的感官兴奋。"

你的日常生活需要允许你的孩子与大自然互动（不仅仅是观赏它），他们需要能够经常在大地上触摸、呼吸、捣碎、搅拌、捡拾、泼洒、挖掘。以下是一些你可以在日常生活中享受大自然的实用方法。

将感受风景变化的传统融入你每年的生活。很久以前，住在城市和郊区的家庭整个夏天都去海边度假。我一直暗暗希望自己生活在那样的时代。我明白，你不可能从六月到八月动身离开纳什维尔或者休斯敦的市中心逃到海边，那和家人一起的小型旅行如何呢？甚至一年一次到美丽的地方度假，都是孩子所不可或缺的经历。哪个家长会不记得看到孩子在沙滩上开心得像个蛤蜊一样（这个完美的比喻怎么样），一连几个小时挖沙子时的满足感（还有惊讶，真

[①] 哌甲酯是一种中枢神经兴奋药。——译者注

的）。他们又是倾倒又是挖掘，感受着手指间湿漉漉的沙子，似乎永远不会厌倦。这对孩子的帮助，比你想象的更大。那些在湖边、山上或者海滩上的假期，那些让你看到孩子在户外活跃起来的任何地方，使快乐成为可能。不要忘了它们。

"领养"一个附近的公园。我指的不是那种有秋千，有为孩子设计的被细菌污染的彩色儿童迷宫的地方。所以，没错，游乐场的场景并不是我要在这里描述的。我设想的是一个自然公园，有无垠的草地、树木，也许再加一条小溪、一座桥和一条小径？找一个这样的公园，了解那些树木，在季节更替的时候回来观察它们。也许你住的是没有后院的楼房或公寓，这时"领养"一个后院就是一种绝佳的办法。我知道自己讲的这些人人都懂，但我鼓励你多做一些，尽可能多做一些。带上书和咖啡，坐下来，看着你的孩子做着一些不知道是什么的事情。不需要娱乐或者日程表，大自然的寻宝游戏是有时间和地点的，但是有时候就让孩子们自己去探险也挺好的。对我们来说，探险的结果包括用塑料杯子把蝌蚪运回家；包括因为衣服湿透而几乎赤身裸体地骑车回家；包括有人被蜜蜂蜇伤，有人踩到蚂蚁山；还包括有人心烦气躁，准备在别人之前离开（有时候这个"有人"是妈妈）。但是，当我们给予孩子待在大自然里的时间，我们就是在给他们提供无比美好的东西。

创办《少年厨艺大战（自然版）》。假期里我家孩子发现了美食频道的节目《少年厨艺大战》(*Chopped Jr.*)，他们完全被迷住了。几周后，他们再创造了这个游戏——后院版《少年厨艺大战》，这个

37

游戏已经成为附近孩子们的一件大事。他们找到了又大又平的石头来当盘子，找到了由"评委"指定的做饭必须使用的三种原料（比如岩石、树叶和浆果），然后混合他们在院子里能找到的其他东西，"烹煮"一顿饭。我要说清楚一点：我们住在郊区，没有种类繁多、郁郁葱葱的绿色植物和美丽的野花可供采摘，那只是一个典型的普通草坪后院。孩子们玩得乐开了花："能给我们点时间在这儿喝点泥巴汤吗？"我觉得很有意思的是，不需要谁去教孩子们怎么做泥巴汤，他们几乎都会做。我碰到的所有泥巴汤厨房，没有哪一点烹饪失败过。当然有些事情不太对劲，比如，有人还穿着去教堂的衣服，或者我最喜欢的锅铲被拿来搅拌"煎饼"，又或者客人马上要到了，可前门却被新刷了一层黑泥巴。而我们都清楚，去教堂穿的衣服是很贵的，所以我一看到这种情况，就像看到他们身上着火了一样，赶紧把这些小崽子的衣服扒了下来。不过我总能找到办法让"泥巴烹饪"继续进行下去。

买一个野鸟喂食器。事先提醒：一谈起喂鸟器，我会变得非常多愁善感，像老奶奶似的（没有对老奶奶不敬的意思，我和她们一直有很多共同点）。我对喂鸟器深度着迷，它们给我们家带来了太多欢乐。令人难以置信的是，各种各样的鸟儿会被适合的饲料吸引到你家后面的门廊上，这是一种负面影响极低的、把自然带给孩子的方式。选一本当地鸟类鉴别手册，然后，家庭自制科学课就有了！

我知道有些例子可能平淡无奇或者相当傻气，但是不要只见树木，不见森林。你要记住，最重要的是大自然能治愈和滋养人。童年短暂,带他们到户外去吧。

帮助孩子找到属于自己的事

上次我们去图书馆的时候,停车场正在进行翻新,所以我们不得不绕开那个街区,把车停在邻近的一个多层停车场里,而没有走平常的路线。这意味着我和我的三个孩子在一个多层停车场里绕来绕去,离我们平常去图书馆的路越来越远。迷路了吗?可能有一点。

由于我不得不像往常一样背着75磅重、照例已晚了两天要归还的《哈迪男孩》(Hardy Boys)和橄榄球类书籍,所以在绕着市中心进行半英里的短途跋涉时,我是不太情愿的。然后我们看到了它:多层停车场角落里的一道旧金属门,它锈迹斑斑的旧指示牌上写着"图书馆",还有个箭头指向一个可疑的方向。在我的十大恐怖事物清单里,停车场的楼梯间位列其中,但我的两个儿子却毫不畏惧:"妈妈!我们走吧!"

混凝土楼梯间的气味扑面而来。里面很黑,门在我们身后不祥地"砰"的一声关上了(也可能锁上了),一扇孤零零的门在前方若隐若现。孩子们精神一振:"我们去试试看!"我们进入了陌生的图书馆后部,孩子们加快脚步向左跑,然后向右转,然后再径直向前。"没错!在那儿呢!妈妈,我们找到图书馆了!"对我的孩子们来说,这是一段如此普通的经历,但奇特的是,这又不只是一段普通的经历。这是一次意外的周二下午的探险。在你忍不住要取笑这个可悲的探险借口之前，先听我说完。我知道这不是那种惊心动魄的、寻求刺激的探险，但对我的孩子来说，它本身就是一个小型挑战，而我们做到了。我们规划了一条新路，满怀信心地打开了借阅下一批《哈迪男孩》的大门。

这提醒了我，那些"接下来我们做什么"的时刻是童年的一份大礼，除非你的孩子是处在"棚车少年"式的真实境况下，既没有掌控大局的人，晚餐也没有任何东西可吃，否则对孩子们来说，风险是令人安心的。以一种低压力、低风险、实践型的方式，孩子可以像鹰隼试翼，获得信心并且解决问题。没错，可能会有一些粘着泥糊糊的运动鞋、创可贴以及"你干了什么"之类的时刻，但是孩子们获得的东西非常值得。如果你的孩子百无聊赖、闷闷不乐，那可能是因为他有一段时间没有遇到像样的挑战了。

事实上，这种情况从婴儿时开始，一直持续到他们长大。在第一个孩子身上我有很多东西需要学习。我不是那种当了一辈子阿姨、在幼儿园做了几十年志愿者的女人，也不是那种总是冲到别人的孩子身边、抱着孩子咿咿呀呀地哄着的女人，我压根就（深吸气！）不喜欢婴儿，我差不多把生孩子这件事拖到了实在拖不了了的时候。这意味着，不夸张地说，拥有自己的宝宝是一次让我大开眼界的经历。其中最让我困惑的事情（老实说，也是最让我沮丧的事情）就是，规则的变化是如此之快。我本来觉得我已经搞懂了：他喜欢玩耍、被照料，然后小睡20分钟，这就是他的作息规律……

第二章　来自冒险的礼物：收获成长的礼物

但只是持续到了下一个周三而已。似乎每当我弄明白了宝宝喜欢什么、需要什么或者能做什么的时候，情况就会发生变化。与我这个产后适应不良、拼命坚持以前那种有计划、可预测的生活方式的妈妈的感受相反，我的宝宝并非恶意或淘气。他只是在做他该做的事，他在成长。

有一天，我用襁褓把他裹得妥妥帖帖地放在床上，开着响亮的白噪音，哄他小睡，但他气恼得像只大黄蜂，烦躁地尖叫着，根本不肯像平时那样睡觉。我妈妈说（小心翼翼地）："杰西卡，你觉得他是不是长大了不适合用襁褓包着了？你把声音关小点怎么样？你能不能给他一些玩具让他在小床上玩？"我说（并不小心翼翼地）："妈妈，他喜欢这样的。我真不明白他为什么这么不开心，他午睡的时候从来不想要玩具。"给你两次机会猜猜后来结果如何。

就是这样，当妈妈的整个过程都是这样的，总是预料不到孩子已经准备好迎接他们将要迎接的挑战，总会有些警示信号表明孩子们感到无聊，需要挑战。他们感到的无聊不是我们将在第三章中谈论的那种好的无聊，而是"我在成长，我焦躁不安，给我一个挑战吧"的那种无聊。

以下是一些表明有情况正在发生的线索。

- 你的学步娃在午睡的时候扯破了纸板书，此时他需要的是下一阶段的玩具。
- 你给你小学年龄的孩子播放了一个儿童节目，比如《动物兄

41

弟》(Wild Kratts)，结果他们在沙发上蹦高，因为这个节目已经不适合他的年龄了。
- 孩子们不停地争吵了一个月，雨也连续下了一个月，大家需要的是好好换一下环境。
- 从你那即将上中学的孩子那里，你开始收到无数白眼，听到不满的嘀咕，他/她需要一件新鲜事物：一项具有挑战性的运动，一项让他/她沉浸其中的新爱好，或者，也许他/她需要第一份工作。

作为父母需要大量的观察和关注，这不是可以自动处理的事。我小时候有一个加菲猫形状的鱼缸，加菲猫的肚子是鱼缸的玻璃部分，从那里可以看到鱼。每当去度假的时候，我们就会买些硬硬的贝壳形鱼食，它可以逐渐分解开来。有了这个魔法，你最长可以离开两个星期。食物会一块一块地释放出来，即使无人照看，鱼也可以好好地活着。无论从字面上还是从隐喻意义上讲，养育孩子都不是这样的（我相信你的厨房水槽和购物清单可以证明这一点）。

你必须观察，必须调整照料方法。孩子们总是在变化，总是需要下一轮的滋养、刺激和挑战。关于孩子和有益的挑战，还有两点需要记住。

首先，不是每个孩子都需要或想要同样的挑战。还记得了解你的植物那部分内容吗？关键是观察他们，察觉到他们的无聊和为下一件事准备就绪的状态。

然后,不要放弃寻找挑战与追求成功,也不要让孩子们放弃。在某方面真正擅长对健康发展至关重要。孩子们需要成功,要帮助他们找到属于自己的事物。对有些孩子来说,事情显而易见。我的一个儿子在两岁的时候,每天都要用塑料球杆打上好几个小时高尔夫球,我因此学会了一边洗碗一边躲避泡沫高尔夫球。而这对于其他孩子来说需要更多的时间,而且这并非必须是他们的终生事业。孩子的一些表亲有个相当认真的"造蛇商店",各种各样的蛇都是用胶带、图画纸、剪刀生产出来的,这可是个大工程。尽管这可能不是他们毕生的使命,但是他们为纸蛇作品感到那么骄傲,他们应该骄傲,多不容易的工作啊!

有一天我和女儿在读一本关于宠物仓鼠的书,书里大谈它们如何需要活动来刺激,它们需要塑料跑步机、巨大的滚球和不同颜色的迷宫。如果一只小小的、毛茸茸的、寿命仅仅一年的啮齿动物都不能在没有挑战的情况下生存,那么人类自然也不能。

孩子需要去发现和体验新事物

在第一章里,我用花园来类比童年,我谈到过童年的成长需要照料。让我感兴趣的是土壤的微妙平衡是如此重要。我对土壤的构成一窍不通,但我家的园艺师——我的丈夫告诉我,如果土壤不能保持合适的 pH 值,植物就会枯萎死亡,健康的植物需要酸碱平衡的土壤。健康的童年也是这样,它需要平衡自由与边界、工作与休息、冒险与无聊,还有常规与新颖。

没错，童年的关键养分之一就是来自常规的稳定可靠的安全感。

意义就隐藏在重复中：我们每天或每周都做这件事，因为它很重要。我们一起做的这些事情把我们联结在一起，我们对彼此都很重要。在童年的织锦上，引人注目的不是色彩绚丽、豪华盛大的迪士尼乐园之旅，而是贯穿始终并且不断重复的常见主线：家庭聚餐、漫步大自然、睡前共读……以及周六早上的烤薄饼。

不过说到这里，还要再补充一下。在拥有安全舒适的家庭常规生活之后，孩子就需要去体验发现新事物（或新地方）的兴奋感。我们所有人都喜欢新鲜的视角，而孩子们尤其喜欢发现新事物，并在新事物中茁壮成长。

我可以证明这一点。你知道别人家的玩具总是比你孩子自己的玩具更令人兴奋吗？或者看看这个例子。你带孩子住过酒店吧？我指的不是那种每层楼都有实物大小的动物雕像欢迎你，或者墙上有丛林壁画之类装饰的那种度假酒店，我说的是像汉普顿酒店那样的普通酒店。你第一次带孩子进入简朴、老旧的酒店房间时，他们是什么反应？如果你的孩子和我家孩子一样，那么从你打开房门的那一刻起，那些最平淡无奇的事物都会让他们兴奋不已。有一个浴室！有两张床！有一张桌子！你的孩子会像鬣狗扑向猎物一样冲进去，逐尺逐寸地探索房间。抓起电话，跳上床，打开所有的门、抽屉，然后，按下电梯按钮！把钥匙插进门锁里！太令人激动了！

并非汉普顿酒店的家具比你家的更好更酷,而是就像你邻居家的乐高桌子一样,它新奇,它不一样,它是环境的改变。我在本章开头提到了冒险,解释了让孩子知道生活可以是快乐的冒险有多么美好,让孩子接触新颖的、不一样的事物是一种纯粹的、不折不扣的快乐,生活会因此而变得有丰饶感,一种比闲坐在商场里批评每个路人,或者整天窝在地下室里玩《糖果消消乐》(Candy Crush)游戏更美好的丰饶感。学会了如何在广阔美丽的世界里拥抱冒险的孩子,是不那么容易被生活中的陈腐欲望所诱惑的。

如果"酒店游"这一项你已经勾选,那还有无数其他办法可以牵着你孩子的手,让他们去体验新事物和新发现的兴奋。例如,以下这些日常的方式可以把探索的火花带入你的家庭生活。

亲近动物。参观动物园,养新宠物,去宠物店。动物是最奇妙的生物。我们养了豹纹壁虎当宠物,我家邻居看到它们的时候,说的第一句话是:"哇!世界上有这么多生物,这是不是太神奇了!"

接受多元文化。学习一门语言,或者结识来自其他文化的新朋友。最近我们邀请了一位来自中国的女士周六早上来我家吃烤薄饼。她在看望上大学的女儿期间住在乡下。多么意想不到的乐事啊!我这样做是因为我觉得这样做是对的。与来自完全不同的背景和文化的人聊天并有所得真是一种享受。她离开我们家之前紧紧地拥抱了我,并送给了我们两件珍贵的纪念品:一把漂亮又正宗的中国纸扇和一小罐中国茶叶。偶尔邀请一位素未谋面、说着我们不会的语言的女人过来吃炒鸡蛋，是不是有点冒险，有点不自在，还有点尴尬？当然是，但下次我还会毫不犹豫地这样做。

观赏户外的变化。有了小小孩以后，你不需要到很远的地方去寻找新鲜事。看见秋天树叶的变化、阵雨过后的彩虹、雷雨之前的天空，看见屋顶上的积雪融化，看见一个月里月亮的不同样子，小孩子就会感到兴奋。

允许孩子享受日常事物带来的小快乐。童年应该是一个安全的所在，小孩子完全可以为了一双新鞋子而手舞足蹈。孩子们天生擅长这个，这一点我们应该向他们学习。有一年，我把我家楼下重新装修了，我们都为来自霍比罗比工艺品公司的新墙面艺术欢呼雀跃。让他们享受这些生活中的小火花吧。我的孩子们对洗车很着迷，尽管有些时候去洗车是没有道理的，比如第二天有 90% 的概率会下雨的时候，但是这让他们那么开心！（如你所知，有时我就是那种乏味、老派的妈妈，会因为第二天有 90% 的概率会下雨而拒绝洗车。但有时候，管它呢！洗呗！）

除了这些在日常生活中体验新鲜事物的小技巧，你还可以进行大型的家庭探险。我想告诉你，这对我来说并不容易。我在社交媒体上关注了一些妈妈，她们似乎生活在令人惊叹的仙境中。根据我从她们的 Instagram 上收集的信息，下面三种情形中的某一种正在进行中。

- 那对家长中有一位是《国家地理杂志》（*National Geographic*）的摄影师，他们基本上是在国家公园景区旅行，拍摄高水平的照片。照片里他们家孩子在俄勒冈州的河流中飞钓,在加利福尼亚观看间歇泉喷发。

- 在得克萨斯州东部的一个现代化农庄,他们拥有一个养牛场,那个农庄是乔安娜·盖恩斯帮助改建的。他们家孩子在大草原上自由奔跑(在帮小牛犊出生和收割家庭农作物之间的间歇里)。
- 他们住在离海滩 30 分钟路程的地方,每周花几天工夫在他们的私人海滩(基本上是)爬上浮木,捡回水母。

以防你不能理解字里行间的意思,我正式宣布一下:我完全嫉妒第一、第二、第三种场景!如果你是这些家长中的一员,请不要继续阅读这一章;干脆写一本你自己的书告诉我们那是什么情景好了。然而,我们大多数人,包括本人,都过着非常普通的生活。我是一个无聊的郊区全职妈妈,我们要费很多工夫才能走出家门给我们的孩子提供大型探险活动。冒着过于简单化的风险,我们来看看如何设定一个抽象的目标,如"和我的孩子一起做些很酷的事情",然后让它成真。

第一步:设定目标。你想和家人做的事情是什么?哪个地方是你的孩子从未见过,你想带他们去的?挑选三种你希望孩子在某种程度上拥有的非同寻常的体验。天啊,有太多的可能性啦。以下是些可以让你行动起来的办法:

- 参观史密森尼博物馆;
- 水上急速漂流;

47

- 在纽约过圣诞节；
- 参观大峡谷；
- 开车横跨全美；
- 露营、骑马、骑山地自行车、爬山；
- 探索美国国内的一个新区域（比如：西海岸、东海岸、大平原，或一个大城市）；
- 参观美国约塞米蒂国家公园。

第二步：确定如何去你想去的地方。选定前往目的地的办法：房车或露营车？住酒店或在爱彼迎（Airbnb）上租房？

第三步：全家一起讨论。这是真正有趣的部分。一起梦想吧，不要错过这一步，因为共同的梦想能把家庭凝聚在一起。

第四步：分解成小目标。比如，我们一家想要进行一次长途越野旅行，那我们的目标是这样的：

- 攒钱买一辆用来拖野营车的卡车；
- 攒钱买一辆野营车；
- 进行小型旅行以适应野营车旅行；
- 计划一次越野旅行；
- 进行一次越野旅行！

我写到这里的时候，我们正处在上述第四步。我知道这听起来可能过于简单，但是你为你的家庭计划过这些步骤吗？这个计划的乐趣在于你可以享受整个过程。我们一想到为家人制造大冒险，沉重的愧疚感很容易就潜入我们的心头,然后事情开始像件苦差事,变成又一件永远完不成的父母待办事项。这种愧疚毫无帮助,不要把冒险看成又一件你需要做的事,相反,把它看作一张许可证吧:通过带来生机和欢乐的活动,重振你枯燥沉闷的成年生活的许可证。难道你不想念山区吗?不喜欢阳光照在你脸上的感觉吗?不想近距离欣赏真正的艺术或音乐吗?你并不需要把这些事情和孩子们分开,和你的孩子一起做这些事吧!

第三章

来自无聊的礼物：孩子所需要的精神留白

童年是一座花园：让孩子做回孩子

在我还是个孩子时，酸奶大概有四种口味可选。你可以选择草莓味或香草味的简易脱脂酸奶，也可以选择草莓味或香草味的优质普通酸奶。20世纪90年代的母亲没有被成排的酸奶选项折磨过，她的脑子不必浪费宝贵的能量去辨别天然有机、低脂、真糖的希腊蓝莓与人工种植的、富含高蛋白和优质纤维的真正蓝莓。我知道这句话让你读得头疼，对不住了，我欠你一些脑细胞。

夏令营也是同样情况。我小时候，夏令营有两种选择：去，或不去。今天早上我花了七分钟在网上搜索了五岁孩子的夏令营选项，请注意，是五岁的孩子。下面是一份简要的学龄前夏令营部分选项清单：陶艺、艺术、街舞、体操、农场营、篮球、鼓乐、4-H健身、乐高、骑马、西班牙语、烹饪，当然，还有入学前准备营。

这些都是给五岁小孩提供的选项。据说其中有些非常受欢迎，必须在头几天就报上名，否则就有失去名额的风险。坦率地说，在你仔细读完这份清单之后，如果你五岁的孩子正穿着蜘蛛侠服装到处闲逛，而你邻居家的孩子却已经先人一步在练习罚球了，那你可能会觉得自己落于人后了。

第三章 来自无聊的礼物：孩子所需要的精神留白

好了，听我说，我曾经是位教育工作者，当过儿童事务部主任，热爱书籍、项目学习和特选课程。我当然赞成应该拓展孩子的思维，顺应他们的兴趣，可我也相信，无聊是我们可以提供给孩子的最好礼物之一。

你知道我小时候（顺便说一句，比五岁大得多）在三伏天里干什么吗？我和四个表兄弟姐妹拿一副扑克牌，带一台调频收音机、一包咸饼干，瘫卧在玛尔西姨妈的卧室里。从午饭后到晚餐前，我们一边听沙妮娅·特恩（Shania Twain）和钻石里奥乐队（Diamond Rio）的歌，一边玩战争游戏、勺子游戏和肯普斯纸牌——我至今仍然认为这是一种最棒的给孩子玩的纸牌游戏。

等我们玩厌了纸牌游戏、饼干也只剩下碎屑的时候，我们就用一个兔子形状的橡胶洗澡玩具喷对方的脸。我知道这个例子让我们听起来像是一群缺乏教养的怪人，但这正是重点所在。我们是自由的，没有人看着，不需要"酷"，没有我们"应该"或"必须"做的事情，没有什么事情需要登录 Instagram 或者 Snapchat，没有无数的活动让我们不得不一会儿上线，一会儿下线。我们可以只做自己，那是一种幸福的平淡生活。

没什么事可做，我们就自己折腾。我们建造堡垒，用的材料什么都有：树枝、床单、睡袋、箱子、破旧的吊床、干草堆（但不是一次全用上）。我们一天吃掉半打冰棒，用塑料包装纸互相扔，舔掉手上染色的糖渍。妈妈并不完全反对我们看电视，但是《价格猜猜猜》（The Price Is Right）节目实在让人受不了，所以下午 1：30

53

左右，我们就把电视关掉，找点别的事情做。我们精心策划了一场赛狗会，一场才艺秀，还靠一场极其有趣的魔术表演向邻居们收了2美元门票。

五年级的时候，我们一群邻居女孩决定通过成立一家侦探社来打击假想的犯罪。我们用旧的马尼拉文件夹，写出十恶不赦的恶棍的详细档案。除了按字母顺序排列虚构的惊人的劫匪文件夹，我们也没有更好的事情可做（给你们这些年轻人提供一点背景知识：以前如果想租一部电影，你竟然必须开车去商店。你能想象我们那时的生活吗）。

没有朋友一起玩的时候，我决定把我家变成一个图书馆，用卡片目录对家里所有的书进行分类。没错，六年级的每天下午，我都会冲到地下室，收集一大堆书，给它们分门别类，贴上标签并盖上日期（附注：我丈夫直到我们订婚后才发现我的初中生活是假装自己是图书管理员。傻瓜）。

这可能是个好时机，能让你知道我已经完全正常（也许没完全正常，但基本上正常）。这就是问题的关键，我们玩那些看似幼稚、荒唐的有创意和想象力的游戏，是因为我们没有其他更好的事情可做——我们成长得很好，不是尽管如此还成长得很好，而是因为如此所以才成长得很好。

无论我们承认与否，残酷的事实是，睡在走廊那头的双层床和婴儿床上的这一代人，怎么说呢，他们就是一群小白鼠，事实简单明了。还没有哪一代人，每次去医院就诊时都在手机上看《米奇妙妙屋》(*Mickey Mouse Clubhouse*),还没有哪一代人在成长中用 iPad 应用软件学习阅读,或者在五年级的时候获得自拍照的点赞。整整一代的孩子被拖拽着,从巡回橄榄球队到课外辅导班,到小提琴提升课,再到别的诸如此类的活动中,谁知道他们到底在其中做什么呢?

我们真不知道这种早期刺激对智力、情感或思想会产生什么影响(而我们已知的那一丁点是相当令人担忧的,不过这跑题了)。

我想再说一遍:精神留白让人得以喘息,就像在你最终清理完所有垃圾后,客厅里的视觉空白一样。精神留白让你能够呼吸,它是让你得以休息、保持平静和激发创造力的空间,让你能清晰地思考。

无聊、自由时间和闲散生活就是所谓留白,它给予孩子如此多的馈赠,它激发了创造力,为真正的友谊制造了空间。如果你正在"无聊"中,有一百万零一种方法可以使用。我不会假装了解你家具体的内部运作情况,但是为了帮你行动起来,这里有一些实用的建议。

- 列一张你的孩子被安排的所有活动的清单,给其中至少 25% 的活动画上"×"。
- 每个月花一个星期六,只和家人一起,不事先做具体计划地玩耍、休息。
- 培养全家有意不使用科技产品的时段:休息时间、游戏之夜、不使用电子设备的乘车时间、星期天,等等。

- 至少要问问自己以下问题：我的童年和我孩子的童年有什么不同，它是好还是坏？想一下。如果你的思路最后停在了用橡胶洗澡玩具朝人喷水的美好回忆（或者尴尬回忆）上，不要害怕把同样奇妙的礼物送给你的孩子，礼物的名字叫作"无聊"。

无聊可以激发孩子的创造力

作为年轻父母，我认为我们有两件事做对了。第一件是，我们在孩子四岁之前扔掉了安抚奶嘴。打出这句话的时候，它听起来并不像一场相当大的胜利。但是想当初，离开安抚奶嘴后我们家好像没有人能睡一个整觉。有很长一段时间我都确信，某个孩子大概连蜜月旅行的时候也得带着奶嘴了，但我们还是坚持住了立场。

另一件我很高兴自己做到了的事是：我在午睡时间停止后延续了每天的安静时间。我家的孩子在停止午睡后的很长一段时间里还是要休息，他们没有意识到有什么不同。这30分钟左右曾是（现在也是）我一天的基石。我们都需要时间来休息、调整和充电。

说实话，以前最需要它的是我，现在最需要它的仍然是我。作为一个在家教育的妈妈，到了每天下午2：30，拜我们待在一起的所有美妙时光所赐，我开始眼皮抽搐，呼吸急促，所以我想最初这段时间主要是让我们都休息一下。而且我们长期以来的休息时间有一个美妙的副产品，那就是我孩子涌现出的创造力。这不是一段一起玩的时间，而是每个人到房子的不同区域，没有人可以说话，除

第三章　来自无聊的礼物：孩子所需要的精神留白

非你自言自语（我们中的有些人经常这样做）；没有科技产品，除非你把有声书和CD播放器算进去。这是精神和身体的双重休息。

这开始于他们出生后的第一年，那时在午睡前或午睡后，如果他们还怡然自乐的话，我会给他们一些时间，让他们在婴儿床上咿咿呀呀、爬来爬去。我和我的丈夫会因为我们的第一个孩子发出的声音而开怀大笑，这个孩子喜欢听自己说话（现在也是）！孩子们会"读"自己的书，在婴儿床里上蹿下跳，跟他们的毛绒玩具说话。

我觉得孩子们在这段时间里做的事还是很有意思的，空白给了孩子们想象和创造的空间。我并不是说我所有的孩子每天都变成小天才。我们肯定有过这样的日子，我每隔三分半钟（毫不夸张）就会听到"妈妈我能下来吗"，但是通常他们最终会在安静与交谈、休息与玩耍的自得节奏中稳定下来，并且创造出真正迷人的工程。

有一次，我六岁的儿子下楼来要马克笔、剪刀和纸板。这天我一定是精疲力竭了，因为我顺从地找好他要的东西送去了游戏室（注：补充一句，孩子使用剪刀的时候，父母应该看着他们。按这种说法做，不要学我）。总之，我儿子在空闲时间为这个工程忙了好几天。当他央求我最后上去看看的时候，他的自豪感爆棚了。墙上贴着的是一个近乎实物大小的飞机驾驶舱的仪表盘！最近我们参观过一家航空博物馆，他记住了自己看见过的东西，用彩灯、轮子和按钮组装成了这个全套式飞机飞行控制系统。最后，他甚至在一个部件上钉上黄铜平头钉，做了一个活动的方向盘。这个设计我觉得特别巧妙。他很自豪！我也为他骄傲，并试着多想想他脑子里正在形成的创造性大脑突触，而不去考虑透明胶带可能对我的墙漆造成的影响。

有个朋友告诉我："我家孩子知道不要跟我说他们无聊，否则我会让他们干活！所以这会儿他们在玩水球轮盘赌，轮流把气球举过别人头顶挤压，直到气球被挤爆为止。"所以你看，孩子们集体想出来的东西真是让人惊奇！有一次我家孩子在地毯上放满了毛绒玩具，组成了合理的橄榄球队形，我了解到那是"有腿的动物"对阵"没腿的动物"。

我认为值得一提的是，如果我让他们选择玩《堡垒之夜》(Fortnite)或者看《乐高大电影》(The LEGO Movie)，他们大概不会说："不，我们去把所有毛绒玩具都拿来，看看我们能不能记住所有的橄榄球方位，玩个假装游戏。"不大可能的。由此我们得出两个结论：

- 其实孩子需要特定的氛围才能愉快又无聊；
- 无聊激发创造力。

我们从第一条开始吧。孩子享受无聊需要些什么呢？毕竟你当然不能把他们一直丢在一个没有任何刺激的空房间里——那样也太惨无人道了。为了充分地利用无聊，我建议必须为他们提供以下东西。

刺激。换句话说，他们需要用不那么无聊的时间来享受无聊，

第三章 来自无聊的礼物：孩子所需要的精神留白

否则无聊就成了生活方式，而这根本不是生活该有的样子。虽然听起来是悖论，但把无聊作为礼物馈赠给孩子的第一步是先把冒险送给他们作为礼物，这里的冒险是指我们在第一章里讨论过的那种。这并不表示你必须带孩子到处参加玩耍派对、参观博物馆等活动，尤其在你孩子很小的时候，你会发现到处都是冒险的机会。冒险可以是横穿马路去观察蚁丘，可以是去公园里把秋千荡上云霄，可以是把脚埋进沙堆里。我曾经在一个非常绝望的时刻，用我家所有的毛绒玩具把浴缸塞满，做成一次干式感官浴。说实话，真的太成功了。

基本需求。如果我在很饿、很累、很伤心、很热或者需要去洗手间的时候试图写作，那肯定不行。同样地，孩子的基本需求也要得到满足。有一项研究指出，为了让孩子们发挥他们的创造潜力，他们需要有安全感。我觉得这很有道理。我说这些是为了提醒我们所有人，在孩子焦虑、饥饿或睡眠不足的时候把他扔到楼上房间里，让他好好享受无聊时光，就完全脱离实际了。

材料供应。如果你希望孩子拥有无聊带来的丰盛，那么提供材料就是有必要的。我认为可以找个时间和地点搬走他们房间里各种有趣的玩意儿（那就是他们学习如何爬出婴儿床的时候！）。所以你对提供的东西要有规划，也许是一个用栅栏围起来的有卡车和沙子的院子，也许是一间有游戏垫、积木、铁轨、蜡笔和乐高之类开放性玩具的游戏室，也许是有水、杯子和勺子的前廊。

几年前我得了流感。我猜你只是草草略过了这句话，没有给它应有的重视。但各位，那场流感太可怕了，在一个月的时间里，我以为自己真的快死了。我记得当时我妈妈来给我送蔓越莓汁，我想："唉，妈妈，就这样了，这是我们最后一次在人世间见面了。"到最后，我经历了肺炎、哮喘、流感、支气管炎以及胃病。问题是，我还有三个小家伙，他们像没事一样迅速恢复，照样需要干净的衣服、切好的苹果和该做的活动。有一天我特别想休息，我用尽最后一点力气制作了我称之为"午睡工具包"的东西。我把家里能找到的所有有趣的东西都打包起来，甚至还准备了一盒果汁和一份零食。我不记得是什么零食了，但是大家要知道，我确定那是一种不会让他们噎住的安全零食。总之，我把午睡工具包拿给他们的时候，它很是那么一回事。他们在相当长的一段时间内都很满意，实际上之后的几天他们还索要这些东西！我预先投入了一点时间，为他们在休息时间里发挥创造力提供了装备。

允许孩子感到无聊通常会令人不安，这个世界有时会对我们尖叫，说他们应该很忙碌。但是，如果孩子的需求已经得到满足，让他们拥有不受干扰的休息时间就是一份很好的礼物。对所有年龄段的孩子来说都是如此。

无聊可以为孩子创造友谊的空间与想象

如果在网上搜索一下"无聊"和"孩子"，你会发现，这两个事物不应该共存，孩子永远不应该感到无聊。这就解释了 Pinterest 网站上的文章，比如《孩子无聊的 200 个克星》（*200 Boredom*

第三章 来自无聊的礼物：孩子所需要的精神留白

Busters for Kids）和《让孩子开心的 25 种方法》(*25 Ways to Keep Kids Entertained*）。得了，我敢夸口，我们已经讨论过无聊带给成长中的人的那些独特礼物，其实还不止这些！要我说，允许一群孩子一起玩得愉快又无聊，不去安抚，不分散他们的注意力，不占用他们的时间，对他们来说是一份意义深远的礼物，因为它让真正的友谊得以建立。

我们这一代人，童年时没有太多的科技产品，成年后却被淹没在科技产品里。我上大学的时候，科技还处在黑暗时期。当时很少有手机，即使有，也只能用它来做真正的交谈。用声音交谈，像一个怪人似的。我们宿舍里装的都是带线的固定电话，所以如果你想向妈妈哭诉，或者和喜欢的男孩一起傻笑，那你必须坐在床上，而你的室友在旁听。如果你想上网，必须把一根以太网的网线插在墙上。至于电子邮件，我倒是每天都会收到一封来自某某院长的信，但从来都不太有趣。

当时唯一有趣的社交媒体是即时通信，或者叫即时通信软件。向不知道它的年轻人解释一下，那是一种不太酷炫的收短信的方法，但是它同样只能在有线联网的电脑上使用，所以你必须坐在房间里才能用。如果要出门，就留下一个"离线留言"，可以隐晦或不太隐晦地告诉别人你在哪里或者描述你的状态。顺便说一句，我真的很擅长编写这些离线留言，我记得有一条是"就像从干毛巾里拧水一样"，我也不懂是什么意思，但听起来挺吸引人吧？总之，这整个系统的关键部分是，要想使用它，你就必须在电脑旁，而电脑必须连在墙上。换句话说，当你和朋友出去玩的时候，你是真和你的朋友在一起。

我希望能重回这样的大学生活,哪怕一天也好。不是因为我那时的美貌,毕竟大学生杰西卡格外偏爱高领毛衣和令人不敢恭维的卡其色及踝长裙;也不是为了那时的食物,因为除了炸鸡之夜外,那些他们给我们当饭吃的垃圾,我真不知道是怎么吃下去的。不是因为这些,而是因为我们心无旁骛地享受着友谊的自由。

昨天,我见过八个等待中学校车的孩子,他们每个人都完全沉浸在自己的手机里。他们刷着应用程序或者玩着游戏来消遣,以此消磨等红灯的"无聊"时刻。看到这样的事情我总是暗想,这些孩子如果不玩手机会做什么,会在开玩笑吗?会谈论黑豹队的比赛吗?会和我们的邻居托尼小姐聊天,谈论她刚从救援中心领养的那只小猎犬,玩优诺牌(UNO),还是读《卡尔文与霍布斯虎》(*Calvin and Hobbes*)?

我们忘记了"朋友 – 科技 = 一份意义深远的礼物"。

我知道这是真的,原因有二。

第一,统计数据证明了这一点。孤独、抑郁和焦虑在超级忙碌、高度互联的一代人中急剧加重。我们的青少年过度沉迷于娱乐,时间被占满却深感不满足。孩子们在一遍又一遍地告诉我们,他们很孤独,他们缺乏友谊。

第二,你也可以从闲谈中发现这一点。我有个朋友有一次陪同八年级学生过夜郊游,过后她和我分享了她的见闻。第一天,所有电子产品都被没收了，你可以想象得到孩子们的那些哭声和戒断反应，孩子们不知道该干什么了。他们用各种借口，反复要求把手机还给他们，以至于他们被警告如果再要就会有严重后果。监护人员允许孩子们在每天结束时有10分钟时间使用手机，这段时间他们可以向父母报平安，或者维持他们"Snapchat数据流"的活跃状态，等等。我朋友观察到，第一天大多数学生在允许的时间要回了他们的手机；第二天她注意到只有大约10个学生想要手机；第三天大概有一两个人想要。而在返程路上，孩子们乞求说："不要啊！别把手机还给我们！没有手机会更好玩！"

我觉得这件事很能说明问题，也很令人悲哀。你摆脱了无聊，牺牲品之一却是友谊。很多东西，很多有意义的东西，都发生在那些没有计划、没有被填满的休息时间里。

我要更进一步地说，我真的认为，如果不学会适应无聊，你就不可能成为一个好的朋友。原因如下：当一个真正的朋友需要有耐心，要有能力听完一个长长的故事，你要去解决不属于你的问题，要去做一些自己不喜欢但你爱的人喜欢的事情。尽管科技很了不起，花不到一分钟时间我们就能点一份鸡肉三明治，可以播放电影，或者和医生交谈，但是我们不能忘记耐心是一份礼物，因为没有耐心就没有真正的友谊。

那我们该怎么处理这个问题呢？我们生活在一个活动频繁多样、技术层出不穷的时代，在这个时代，我们如何培养懂得交朋友、懂得当朋友的孩子？我并不是说我们需要拒绝使用现代科技才能拥有友谊，那就太犯傻了。但是我们需要决定如何度过我们的时间，其中有些决定是艰难的。

我们可以迈出的很棒的一步就是，当我们彼此相处时，把电子设备搁到一边去。如果孩子开派对，就在门口把所有人的电子设备都收起来；如果邻居家孩子们在一起玩，就让他们骑自行车或者做饼干，而不是看电视或者玩电子游戏；全家人一起玩游戏，就把电子设备收起来；如果你们出去吃饭，就把手机收起来；如果你们坐长途汽车旅行，我重复一遍，把手机收起来。一起无聊吧！它让人难受，令人烦恼，却绝对宝贵。

现在，我们家只有我和我丈夫有手机，但是想想我们所树立的榜样，真的很有说服力。如果我们希望孩子成为珍惜他人的人，那么我们就要树立这样的榜样。通常情况下，在养育孩子的过程中，保持真实是极其重要的。

电子游戏只能让孩子错过太多童年的乐趣

我们从一段序幕开始：我有两个参加体育运动项目的大一些的儿子和一个还没有开始运动项目的小女儿，这意味着我们在棒球场和篮球场上花了很多时间，结果导致我五岁的女儿简直是在场边度过了她的大部分人生。她真的是个行家，对棒球规则的知识积累与我这个成年女性一样多（当然，我也并不多）。

但是，各位，这很不容易。有时候很好玩，我们跳上看台，和朋友们一起嬉戏，看着地平线上的夕阳，一小时的时间轻易就过去了。但有时候就没那么容易了，她会满头大汗，牢骚不断，筋疲力尽地爬到我腿上，她确实一个小时前就应该上床睡觉了。这时我看看时间，90分钟的练习才过去了17分钟，我可能会有点绝望，于是允许她看看我手机里的照片。她认为这是娱乐的顶峰，有一次凶巴巴地对我说："等我当了妈妈，我要在我的手机上看一整天照片，一整天！"我不太确定该如何回应这个威胁。

我讲这些是想说，我真的相信事情可能严重到绝望的地步，在这种情况下，作为科技时代的成员，现代母亲可以自由地使用她所获得的工具，但我认为这样的时刻应该少之又少。我认为我们不应该因为一点点厌倦或不满的苗头，就扔给孩子一个手机（重要补充：作为成年人，我们也不应该在自己焦虑的时候通过刷手机来缓解这一情绪）。

为什么不应该呢？问得有道理。毕竟手机能立刻让你感觉好一点，能让孩子立刻闭嘴。那到底是为什么成年人要把自己的生活变得更艰难，更频繁地被要求、抱怨连连的孩子打断？正如我前面所说，这是一个合理的问题，但我相信答案也非常清楚。尽管一部手机确实能让我们自己以及孩子的生活马上变得更舒适，但从长远来看，它在抢劫我们有意义的东西。我知道，就播放几个YouTube上的视频而言，用"抢劫"一词有点措辞强烈，但是鉴于我们原本能从这些时间片段里所获得的东西，我认为这样说是准确的。

我们上次参加棒球比赛时，一个看起来八岁左右的男孩蹲在看

65

台下，拿着手机又点又滑，两个小时的比赛时间里他全神贯注，抬起头的时间几乎不够他吃一块身旁袋子里的金鱼饼干。这让我很揪心，在他面前的球场上有他的手足，是需要他关注和支持的人；在他附近有他的大人，想必是很爱他、本该花时间陪伴他的人。请你理解，我并不是在对这个特定情况做出评判，我不了解这个孩子，他可能有严重的特殊需求；我也不认识他的父母，也许他们刚刚遭受了巨大的损失，甚至来参加这场比赛也是一种代价高昂的努力。但是我忍不住把这个男孩正在经历的情形与可能发生的事情进行对比，当我们的孩子参与某件事情的时候，我们可以在那里陪伴，或者只是"在那里"。

想知道如果你的孩子在观看体育比赛时玩电子设备，他们会错过什么吗？

错过为手足加油。难道我们不希望孩子们成为互相加油的人吗？让这种练习从现在就开始。当我们带孩子参加活动，却把电子设备拿给他们的时候，我们在教他们什么呢？我们在教他们，比起鼓励朋友，娱乐消遣更重要。好了，听我说，我并不是每次训练都坐在那里，为每次挥棒、跑圈或击球而喝彩，那太矫枉过正了，会助长孩子的自负。但是如果事情真的很重要，只要田径场、球场、舞台上或者其他任何地方有重要事情，那家人就应该关注，即使很小的孩子也可以学会这一点。今天上午我和我两岁的侄女洛根一起为橄榄球比赛欢呼助威，你要知道，在她哥哥带球的时候，她鼓掌、尖叫得多开心！

第三章　来自无聊的礼物：孩子所需要的精神留白

错过结交朋友。上七年级的时候，我和我的朋友安杰拉都有兄弟要在每周二晚上七点练习橄榄球，我们在他们的训练期间度过了极其美妙的时光。我们会在学校外面的大山上跑上跑下，我们仰面躺在草地上，幻想着我们最喜欢的老师以及暗恋对象甘恩先生当时正在做什么，我们会讲故事，说笑话，吃安杰拉妈妈放在手提包里的泡泡糖。在一所全新的学校里，我是一个胆小、内向的小家伙，所以每周的这一小段时间成了我最喜欢的、与我幽默的朋友安杰拉一起度过的时光，我们建立了真正的友谊，因为，嗯，除此之外，我们还能做什么呢？

错过享受大自然。也许这听起来有些陈词滥调，但是有很多研究一再地证明了大自然对儿童发展的影响。如果比赛是在户外，这就是抓住户外活动机会的理想时间，去观察云朵和树木，赤脚走在草地上，收集野草，看月亮从天边爬上来。多亏了大自然，各种各样的治愈才会发生。

错过和大人们打交道。我儿子和他哥哥球队中的一位家长建立了友谊。他们会到一边去玩传球，投长传球，聊他即将到来的比赛或者他正在读的书。这种交往太宝贵了，如果我儿子被手机屏幕吸引住，这样的交往就永远不会发生。我保证如果他有机会玩手机，他就不会和这位 30 岁的爸爸出去玩了，但这是多么好的礼物啊。

错过自主的互动游戏。儿童时期的很多游戏都是由成年人安排的。自由玩耍的时间是难得的珍贵礼物。可以自由自在地在空地上玩抓人游戏，可以往下水道里扔石头，可以在人行道边的木栏上走平衡木，可以坐在一堆蜡笔和一本最喜欢的涂色书，或者一袋串珠和一根绳子的旁边。给孩子一个小时时间是多好的礼物啊！

错过学习忍耐的技巧。耐心对成年后的成功至关重要。有耐心的成年人对他们的配偶忠诚，有耐心的成年人不会对他们的孩子大喊大叫（嗯，你知道的，大多数情况下），有耐心的成年人不会路怒，也不会对星巴克的咖啡师颐指气使。我们希望我们的世界、我们的孩子得到耐心的好处，但这需要付出一些代价，这是一项需要培养的技能。多好的礼物啊！在体育比赛的时候，你有整整一个小时的时间来磨炼这项技能！

错过与你相处的时间。几年前，我在 Instagram 上看到一张至今难忘的照片。照片里有一罐弹珠，确切地说是 936 颗弹珠，这个罐子旁边还有另一个差不多半满的罐子，图片注释里讲，每个弹珠代表在孩子离开家之前你能和孩子共度的一个周末，第二个半满的罐子（装有 572 个弹珠）表示如果孩子现在七岁，你还剩下多少周末。这是一幅发人深省的图画。我们有时会觉得，为人父母的时间漫长得无情——以至于似乎我们得永远在冲奶瓶、做炸鸡块、让车里的每个人闭嘴。其实，现实是这些年是有限的，就像我妈妈说的那样，从孩子上幼儿园起，时间就像滚雪球一样，越滚越快，从你身旁飞驰而过，直到好像眨眼间孩子们就离开了家。没有什么神奇的时刻比其他时刻更特别，所有的时刻都重要。我无数次听一位年长的朋友说："我怀念那些整天和孩子们待在一起的日子。现在他们十几岁了，他们总也不回家。"正疲惫不堪地熬过漫长的又一天的亲爱的妈妈们，这些时光不会持续太久，一个小小的糖果乐园游戏估计不会要了你的命（尽管我觉得"死于过多的糖果乐园游戏"肯定会被刻在我的墓碑上）。

另外，这对我们家长来说也一样适用。与孩子共度的优质时光，享受大自然，培养耐心，为家人加油，结交朋友——当我们不停地检查这个检查那个的时候，我们也错过了所有这些。我们可以在自己的清单上再加上一项：向我们的孩子展示成为什么样的成年人的机会。

第四章

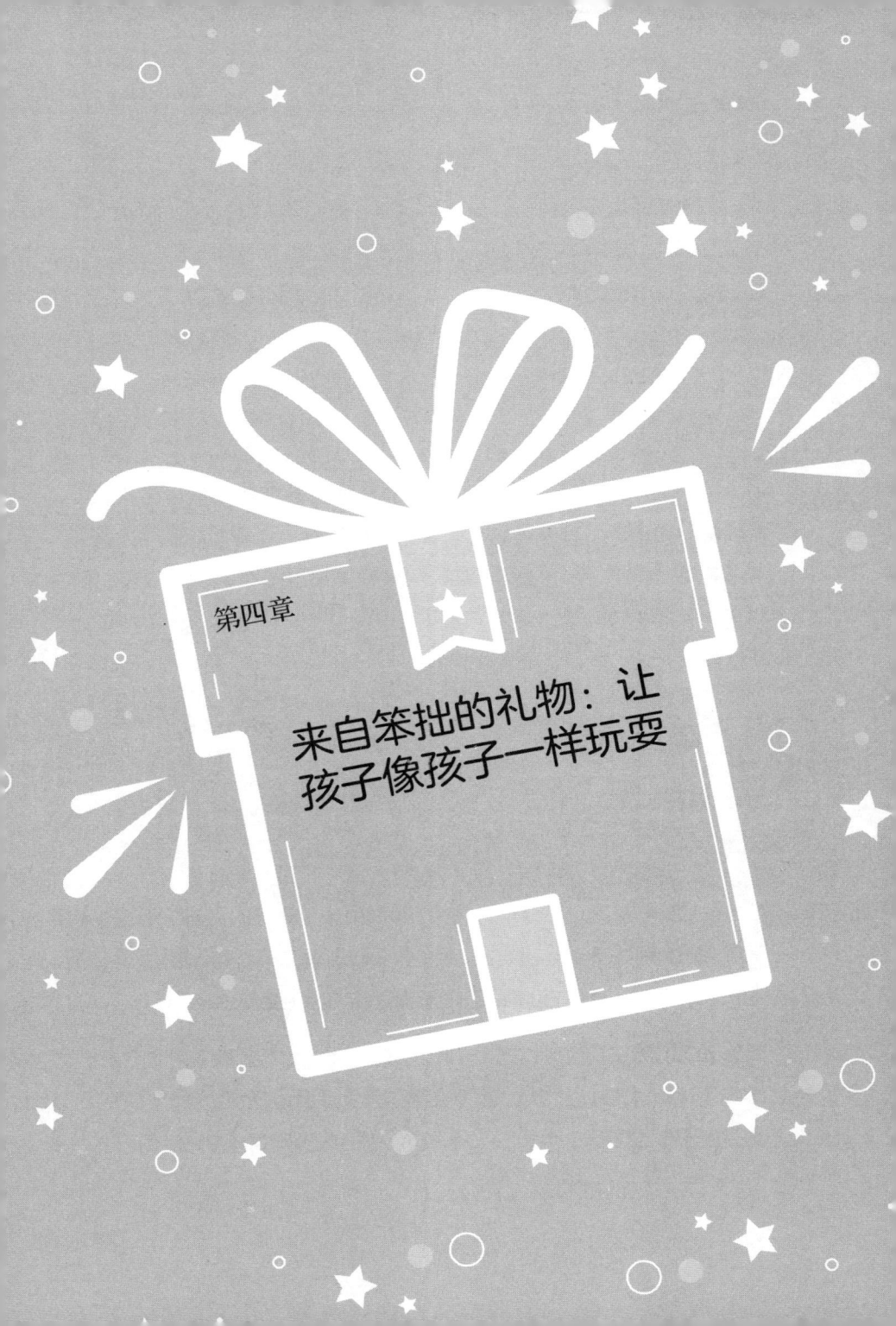

来自笨拙的礼物：让孩子像孩子一样玩耍

童年是一座花园：让孩子做回孩子

大约一年前，我九岁的儿子对我说："妈妈，我不喜欢玩乐高了，一点都不好玩。"我的内心在哭泣，回忆起那些早晨，他扎营在厨房的桌子旁，读着奶奶为他写的操作指南，或者自豪地设计他自己的乐高作品——比如潜艇商店或者关押坏鲨鱼的监狱。我没想到这种时光这么早就结束了。我什么也没说，也没有立即动手把乐高打包收起来。他肯定不是认真的。

一年很快过去了，我又开始听到楼上传来玩乐高玩具的声音，还有谈论乐高的声音。去和邻居孩子一起玩的时候，我的儿子们还把自己的作品平稳地端在手上搬到外面去。乐高玩具东山再起了，哪怕我在黑暗中踩上一个乱放的四棱方块，脚上感觉到电击般的剧烈疼痛，我也不介意。我瞎说呢，这一点我是介意的。

但这是值得的。

当我写下这些话的时候，整个乐高王国已经诞生了。老实说，最大的孩子最有热情。一整套精密复杂的乐高文明配备了规则和货币，不知怎么每个人都能理解并记住。据我所知，每个乐高配件都有一定的货币价值。比如，一块奶酪值50个"乐高金币"（在乐高世界里这可是一大笔钱,奶酪很值钱)。有各种各样复杂的规则,如果你的乐高小人儿从桌子上掉下来,那他就死了;但如果他骑着某种平衡车,那他就没有死;如果他被别的玩家恶意推下了桌子,那个玩家就欠你 100 个乐高币。最近这套规则出现了争议,因为有很多乐高小人儿因在错误的时间出现在错误的地点而意外死亡了。

孩子们用各种各样的新奇玩意儿,把他们的乐高玩具运到附近各个地方。我家孩子用小钓具箱来盛装他们的小人儿和所有零件。细想一下,我也不确定这些渔具箱是不是曾被用于钓鱼,但是闻起来没有鱼的气味,我也就随它去了。两个邻居家的男孩把他们全部的乐高藏品都放在枕套里,所以当他们扛着乐高走动的时候,他们看起来就像他们心中的圣诞老人附体。令我惊奇的是,10 个孩子聚在一个车库里,把所有东西都倒出来,地板上就像有个乐高皮纳塔[①]爆炸了一样,但不知怎么地,他们还是清楚地记得每块小乐高块是谁的,这实在是令人印象深刻。

我姐夫创造了"呆子联盟"这个词,用来形容我们的小男孩们发明的富有创意和想象力的可笑游戏。呆子联盟还开办了一个关于《哈利·波特》(*Harry Potter*)系列的读书会,开了一家我之前提到过的纸蛇商店,还享受了《星球大战》(*Star Wars*)电影之夜。呆子联盟是充满爱意的玩笑说法,我们嘲笑他们的乐高村庄,但私下里我们很激动,也很自豪。他们根本没有意识到也并不关心这些是否

---

① 皮纳塔是一种纸糊的容器,里面装满了玩具与糖果,人们在节日、生日、派对上用棍子砸破它。——译者注

符合"酷"的标准。这些孩子就是在做孩子。

问题是，乐高文明恰恰是 10 岁男孩应该玩的那种游戏。10 岁男孩不应该在"火不火辣"软件（或者你读到这本书时流行的下一代类似款）上给女孩打分，他们不应该浏览半色情的 Instagram 账号，或者因为在 YouTube 上看到成人喜剧演员而发笑。他们应该以适合他们年龄的方式自由玩耍。

纯粹的游戏是一个小生态系统，可是外力可以永久地摧毁它。我经常思考这个问题，这并不总是坏事，成长是必然的，大自然自有其规律。乐高玩具最终会出现在 Facebook 市场上，或者被青少年遗忘在房间的架子上。但是有时候，天真的游戏会不自然地消亡，扰乱了童年的正常进程。这是怎么发生的？为什么孩子们不玩了？

他们被取笑了。设想一下，一个大孩子走进一个摆着乐高村庄的车库，残忍地嘲笑它说："哇！这是我见过的最差劲的东西。你们真的在玩玩具吗？这太搞笑了。"可能会有一些孩子对此不在乎，但是不久之后魔咒就会被打破，乐高不酷了。

他们无法专注。这是一项让孩子们参与创造性互动游戏的工作，它需要实践经验和思维能力。一个每天被动地被高科技数字化娱乐吸引 7~8 个小时的人，没有多少耐心用塑料玩具玩简单的对话式创新游戏。

大人打趣他们。嘲笑可能是有意的，也可能是无意的，我们会使他们觉得自己很愚蠢，会对他们的游戏和小比赛翻白眼。我们必须尊重童年，尊重游戏。回到呆子联盟的例子，这个名称第一次被

第四章　来自笨拙的礼物：让孩子像孩子一样玩耍

一个孩子听到的时候，他没听懂，但也并不喜欢。就在这时，一个叔叔通过创建一个很酷的有福利的俱乐部，努力扭转了局面，呆子联盟成了一个家喻户晓的名字，一项被热切期望的月度活动。

我们需要重视孩子们的游戏，它值得我们投入金钱和尊重。就在我写这些的时候，我家附近的死胡同里有一群孩子（和几位妈妈），有人在骑自行车，有人在骑滑板车，有人正推着婴儿推车，还有几个人在一边扔橄榄球。另外还有些男孩正在车库里交易（和你猜测的一样）乐高，这一次乐高头换乐高轮子。乍一看这似乎是自发产生的，可是，为了让孩子们和滑板车们能够在任意一个星期四愉快地共存，其实发生了很多事情。

我们必须在家。接受自发游戏就意味着你有时候要拒绝别的事情。俱乐部、课程或别的事情，我们不会每种都参加或每件都做，因为在家自由地玩耍很重要。

我们必须待在户外。我觉得对此我没必要多费口舌，不过还是要说，如果外面天气很好，难道我们就不能一致同意让孩子们出去玩吗？

没有人取笑他们。在我们的世界里，孩子受到尊重，他们幼稚的游戏受到尊重。我们不允许大孩子仅仅因为他们是小孩子就取笑他们。

现在的孩子们面临着难以想象的压力，被要求要"酷"。把他们从这种负担中解脱出来是多么美好的礼物啊。在接下来的文章中，我将谈到如何给孩子真正的礼物。一种方法是用与大人的友谊来取代无休止的同龄人时间，另一种方法是为笨拙时光留出空间（这对健康发展很有必要）。最后，只要他们需要，就让他们像孩子一样玩耍——玩乐高王国、扮成小兔子、穿过于紧身的蝙蝠侠服装等。

孩子与成年隔辈人相处的好处

我从小到大最喜欢的人之一是我的姨妈丽贝卡。我们称她为"一位有趣的妈妈"，这与她的衣着是否得体没有任何关系（她衣着并不得体），与她对流行文化中的时尚是否了解也无关（她并不了解）。她之所以是有趣妈妈，其一是因为她有时间陪伴我们。她早上做完家务，就会带我们去骑他们马里兰马场的一匹老良种马。去维生素商店或者大型家畜饲料商店的时候，她也会带上我们，并一直和我们聊天。你可以感觉到她告诉了你其他妈妈不会告诉你的事情，比如马在交配前会有什么表现，汤米叔叔剥完鹿皮后怎么处理鹿身上血糊糊的部分，还有她对她哥哥第一任妻子的真实看法。

有一年夏天，因为必须回归城市和学校的日常生活，我们不得不和丽贝卡姨妈告别。我记得离开她家，走过草莓园和旧水泵的时候，我心中满是沉甸甸的悲伤。"有一样我真的会想念。"我表妹凯莉说，"那就是丽贝卡姨妈。"我忍不住哭着接话。后来我写了一张真正的明信片寄给她，我告诉她我很想她。"尽管你的房子并不总是最干净的，"我说，"但它是我最喜欢去的地方之一。"当然，她把这句话看作赞美，这张卡片至少在她冰箱上挂了两年。

第四章　来自笨拙的礼物：让孩子像孩子一样玩耍

我认为我们这个时代的悲剧之一是人们被划分成不同的年龄段。学校、教堂、健身房——每当人们聚在一起的时候，就按照年龄被分组。这对每个人都是不利的。

我记得在大学里的时候，我们和其他同龄的准成年人被集中在一起，我们为失去"婴儿、狗和老人"这些我们不能再交往的人和动物而感到悲哀。和成年早期一样，童年也因为与婴儿和老人这些和我们年龄不太一样的人——当然还有宠物——一起生活，而变得更加丰富。

三年前，我的祖母跨越四个州搬到我父母家，这对我父母来说是长期的善举和自我牺牲。关于关爱他人，我从他们——主要是我母亲——欣然承担这种责任的方式中学到的，比我过去37年所学到的还要多。说实话，本来我都不确定我还能不能再见到祖母，但是现在，在她照顾了我们所有人一辈子之后，我们也有机会照顾她了。另一件附带的幸事是，我们的孩子有机会去爱曾祖母并被曾祖母所爱。我学龄前的女儿喜欢帮忙照顾曾祖母："帮帮我！祖奶奶要自己从椅子里站起来了！"她会全力提醒我们。事实上，她们是很好的朋友，有大量共同的爱好：涂色、拼图、百事可乐和甜甜圈。我希望对我的女儿来说，拥有一个91岁的亲密朋友是非常正常的。

这一点不但美好、甜蜜，而且实际上还非常真实、强大：没有什么可以替代代际关系对孩子的佑护。那么，代际关系给我们提供了什么呢？

他们提供视角。在我 12 岁左右时，学校生活变得艰难起来。不是因为数学和科学，而是因为周围的孩子突然关心起你的衣服从哪里买的，你听不听 KISS 95.1 电台。我记得妈妈有一天晚上悄悄走进我房间，她说："杰西卡，有些人就像烟火，他们明亮艳丽，人们会立刻喜欢上他们。而有些人就像蜡烛，你不会马上注意到他们，但他们同样特别，同样美妙。"我明白了，我是一支蜡烛。

七年级有时候很压抑、很疲惫，这时大人是一种令人愉快的安慰，因为他们即使不酷也没有关系，这恰恰是可安慰之处。当我和丽贝卡姨妈一起玩的时候，她跟那些我整天相处的 11 岁孩子们有很大的不同。这本身就是一种现实检验，我在学校里的感受并不是唯一真实的东西，在学校之外还有一个大千世界，我被爱，被接纳，总有一天我会拥有一个不存在愚蠢的六年级男生的真正未来。

我妹妹上八年级的时候，我妈妈把她从学校拉回来，让她在家上学。如果你今天问我妈妈她为什么那么做，她不会提到数学能力或高考预科培训。和学业水平没什么关系，我认为是当时出现了一些警示信号，表明我妹妹即将面临困难时期。她本来很漂亮，可她学会了化妆，不但眼睛周围涂了半管黑色眼线，整张脸还惨白得出奇。八年级的男生们几乎要把门都撞开了。

我父母对浣熊眼妆和男孩们的敲门一样紧张。我想我妈妈觉得她想尽了一切办法和我妹妹沟通，但是没有什么收获，所以八年级就让她在家上学了。悄悄告诉你，我不认为他们做了多少技术上可以称之为学校教育的事情。我想他们烤了很多饼干，去了健身房和咖啡店，一起吃午饭，等等。我不会把这种情况说成学业成绩的顶峰，但我个人认为这是一个绝妙的计划。我妹妹得到了现实检验、与妈妈相处的时间，以及现实生活（和脸）的改造，这是回归正轨的一年。它让我妹妹知道，事实上除了和八年级的小混混约会之外，还有一种美好的生活。我们都很庆幸她重新振作起来，没有和他们中的任何一个人在一起。这就是为什么说孩子待在优秀的成年人身边是一种生命佑护的原因。

他们提供与优秀人士建立真正友谊的机会。 必须年龄相仿才能成为朋友这种想法让我感到难以置信。我的爷爷和我都喜欢关于加菲猫的书、字谜游戏和土豆饺子。我的小侄女凯蒂喜欢骑自行车，有时我们会一起骑一圈，就我们两个人。我的朋友说她儿子真的很喜欢和一位80岁的邻居老人待在一起，他有各种关于战争、宇宙飞船和天文学的有趣故事，她儿子会恳求："我现在能去和威尔逊太太聊天吗？"年龄带给人深度、智慧和吸引力，如果我们只把孩子和跟他们一样的小孩子放在一起，他们就会错过一个充满各种知识、智慧、友善和个性的迷人世界。让他们和成年人交朋友吧。

他们提供了死亡教育（没错，这是好事情）。本·萨斯（Ben Sasse）评论说："在我们这个年龄隔离的时代，我们花费了大量的精力、时间和金钱，让年轻人和中年人假装青春可以永驻，而不是真的去应对不可避免的事情，不是去安慰那些实际上正在衰老的人。"我觉得这个见解很深刻，很有说服力，我对这种趋势深有共鸣。我讨厌养老院，因为我讨厌想到自己会变老。但是为了避开它（以及避开老年人），我剥夺了自己审视人生和安慰那些正在变老的人的机会。对孩子来说也是如此。

如果你的家庭由于代际友谊而变得更丰富，那会是什么样子？你的孩子怎样才能从爱他们的长辈那里得到安慰、挑战和祝福？考虑一下你可以把谁纳入你的影响圈，然后邀请他们在某个时刻加入你们。

允许孩子笨拙地长大

我女儿三岁的时候，我们给她报了舞蹈班。她喜欢跳舞，穿着小小的幼儿芭蕾舞短裙看起来非常可爱。唯一的小插曲发生在年底，当时是舞蹈工作室正式演出的时间。

首先，小女娃们必须购买一套服装，可以肯定这套衣服和我婚礼彩排晚宴时穿的裙子一样贵。然后我们收到了演出要求，这似乎让人奇异地联想到专业舞蹈工作室的表演：

提前一小时把舞蹈演员送到。舞蹈演员必须梳好头发，化好妆，穿好演出服，然后家长离开现场（在任何情况下，在舞蹈表演之前，家长们都不能待在后台）。

专业盘发并非必须，但强烈推荐。现场提供专业化妆师，收取少量费用。

仔细查看附件图片中的正确发型。丸子头双马尾、低马尾（仅限左侧部分）、高圆髻（向左侧倾斜），东方羽毛饰面，只能使用澳洲冷冻发胶！千万别弄乱了！

要求化妆。建议贴假睫毛，必须打腮红。浓重的口红、指甲油、闪光眼影、羽毛等都要有。

好吧，听着，我不是在反对女孩子跳舞。我女儿仍然在学跳舞〔虽然换了一家工作室，有《胡桃夹子》(*Nutcracker*)，没了"全美超模大赛"〕。我当然也不反对小女孩想要漂亮，我喜欢把我的小太阳打扮得漂漂亮亮的，她自己也喜欢。她喜欢穿着她的"旋转裙"在客厅里转圈。漂亮是小女孩天生的愿望，只是不知何故，追求时尚和魅力的最后期限从"办婚礼的时候"提前到了"上任何学校包括幼儿园的时候"。

知道我小时候是什么样吗？我10岁的时候和表妹去商场买新衬衫，我们的选择基本上是带心形的粉红色或带心形的紫色。我选了粉色，她选了紫色（我们都很激动）。

如果我去逛一家很受女孩欢迎的商店的服装区，比如"永远21"，那作为37岁的女人，我会为我的衣橱感到非常不安。我的意思是，我怎么能没有一件条纹套头衫、一条"千鸟格滑板裙"，或者一件仿麂皮机车夹克呢？当然，如果我们的青春期前的朋友们感觉更随意，他们可以抓一件印有"被宠坏了""我的独角兽吃了我的作业""我好无聊"或者"无所谓"等字样的印花T恤。不仅高中生，现在青春期前的女孩们也在学修容和烟熏妆，讨论比基尼蜜蜡脱毛和美甲。这些都不是夸大其词，这些事情是真的在发生。

那些笨拙的岁月怎么了？说真的，到底它们怎么了？它们死了，被埋在八英尺①深的地下。大概是小甜甜布兰妮·斯皮尔斯（Brittany Spears）杀死了它们。想知道我10来岁的时候在做什么吗？我向你保证，跟面部轮廓线或者千鸟格滑板裙没有任何关系。

首先，我是个非常笨拙的人。我戴一副大大的绿松石色金属框眼镜，额头翘起的头发有肯塔基州那么大片，还有我完全没有意识到的龅牙。别担心，七年级的时候我就知道了。开玩笑的，到那时我也并没有意识到。那时比以前更糟糕了，因为我眼镜变成了玳瑁镜框的，我最喜欢的衣服是一件我最喜欢的车手的T恤，超大的、褪色的美国赛车协会T恤，然后你还可以在我的肖像中加上新长出的青少年痤疮。我没有什么神奇的迪士尼电影式的经历，可以从中意识到自己多么笨拙土气，然后被一个在啦啦队里认识的极酷又极友善的朋友改变，这样的事情并没有发生。嘿，正读这本书的你，不要觉得好像我是个异类，你也有这类风格的照片，我知道！

我特别提到女孩，但这个观念于今天的男女两性都适用。男孩也一样从小就被期望要酷。除了必须穿"正确"的运动鞋和T恤品牌，他们还被要求知道正确的歌曲，听懂正确的笑话，观看正确的节目，玩正确的游戏。一个朋友告诉我，他孩子说："爸爸，我告诉朋友我在《堡垒之夜》里的得分时，他们都取笑我！"他的父亲和蔼地提醒他，他的《堡垒之夜》得分不能定义他，也不要因为这些"朋友"而烦恼。现在的孩子们感受到一种我们这些父母无法理解的压力，一种要成为"某种人"、看起来像"某种人"的压力。

---

① 1英尺约等于0.3米。——译者注

我要告诉你，随着"笨拙岁月"的死亡——不对，是被谋杀——我们已经失去了一些提供给孩子的美好东西。如果你想给孩子一份真正的礼物，那就给他们保持笨拙的自由，保护他们远离荒谬的期望，允许他们笨拙地迈向成年。不过如何做到呢？到底如何把这份礼物传授给孩子呢？我有以下三条建议。

1. 要意识到你的孩子不是你

你要想清楚，你的孩子不是你的影子，让他们做自己。永远不要因为他们而难堪。你是你，他们是他们。这并不容易，当人们和你说你的孩子很可爱、很有趣、很友善或者运动能力很强的时候，这种感觉很好，你不可能感受不到这些评论带来的内在满足感，但想轻易地去控制它可能会有点难。不要强化自己对肯定的依赖。

你孩子的小生命是他们自己的。不要一直盯着他们，不要希望他们成为取悦所有人的标本，让他们自由地生长和成熟，这是你给他们的多么精彩的礼物。我的朋友杰西卡是我认识的最酷的人之一，她看起来就像是个超模。我很欣赏她让自己的五个孩子都完全做自己，即使这意味着他们并不总是看起来像小号的她，也就是说不像迷你版的超模。杰西卡说："我得到这些孩子就像是收到惊喜包裹，我迫不及待地想看看他们会成为什么样的人。生命是一段旅程，所以我鼓励他们展示个性，书呆子也好，笨拙也好，格外新潮也好，最重要的是，请做你自己！"

2. 不要害怕逆流而上

用爱来庇护你的孩子，远离迫使他们成为不想成为的人的任何人或事。我知道"庇护所"这个词往往有负面的含义，就好像庇护孩子远离现实世界是反应过度而且无关紧要一样，它让人联想到清教徒的社会。我说的庇护所要看时间和地点。假如你被扔在一个无人的小岛上，你就会渴望有一个能躲避危险的庇护所。我们给孩子提供一个舒适的庇护所——不仅仅是我们舒适家里的一个有形的庇护所，而且是一个象征性的、保护童年的庇护所。

你知道浏览 Instagram 时觉得自己丑陋、孤独、不酷、失败又悲惨的那种感觉吗？给你孩子一个没有这种感觉的童年的礼物吧。这意味着你要运用你成年人的力量和控制力，庇护他们（我知道，我知道——又是这个词），避免他们受到引发这些感觉的事物的影响。我们希望赋予孩子成为真实的人的能力，这种能力意味着，当你8岁的时候，你的举止就像8岁而不是13岁。这是一项艰巨的任务，但并非不可能完成的任务。

很难预测在你们的文化中，这对你的家庭意味着什么，但对我而言，践行这一条最终将涉及以下几点：（1）几乎不要在自我比较的工具（也就是社交媒体）上花时间；（2）限制我们花在任何青少年款事物上的时间，比如克莱尔饰品、塔吉特百货青少年区，以及所有在这本书写完后、将来涌现出来的青春期前儿童商店；（3）不要允许家里的小孩子看和做任何大孩子才可以看和做的一切。你是成年人，你有智慧，运用你作为父母的权力和影响力，准许适合年龄的活动，这将产生积极的影响。请跟着你的直觉走。

3. 也许最重要的是，向你的孩子表达爱、喜欢和信心，他们非常需要这些

我曾经教过七年级的英国文学课，我班上有个女孩，我们就叫她麦迪逊吧。她动作极其笨拙，身材极其瘦长，歪斜的笑容暗示着她需要牙套，她长着粉刺，头发干枯凌乱，骨瘦如柴。令我惊喜的是麦迪逊的自信，她似乎并没有被自己笨拙的双腿和滑稽的笑容所困扰，她会轻盈、自信地走进教室，对每个人微笑，跑过来告诉我她最近的舞蹈比赛或者家庭度假的事。那时社交媒体还不盛行，她和一小群朋友开心地做着中学里七年级女生会做的傻事。

有一天，麦迪逊的爸爸走进教室。啊，她喜笑颜开，她爸爸也是！他为女儿的生日带来了鲜花。他是一个衣着讲究、长相英俊的男人，他手里拿着布朗尼蛋糕和红玫瑰，径直走向他的心肝宝贝。麦迪逊开心极了！突然间，一切都说得通了，她的自信是因为她知道有人爱她。我看着她逐渐长大，笨拙的笑容和粉刺不见了。几年前她联系我，告诉我她有多么喜欢我这个老师，还跟我说了她的人生计划。她得到了多么珍贵的礼物：一个视她为珍宝的父亲！她最终变成了他告诉她的样子。

我并不是说这会很容易，但是允许孩子经历一段笨拙、曲折、逐渐长大的过程，是我们能为他们做的最仁慈的事情之一。毕竟，这种能做自己的自由是如此珍贵的礼物，就让孩子做回孩子吧，请允许他们保持笨拙。

童年是一座花园：让孩子做回孩子

不要忽视童年玩具对孩子的意义

尽管这会让我的血压升高，可我还是喜欢及时了解商店向孩子们推销的东西。最近，我浏览了一家商店的网站，他们向小女孩销售饰品。下面我们花点时间来认识一下这家商店，那些七岁、八岁和九岁的女孩经常光顾这里。以下是我看到的一些东西：

- 哥特式一次性文身；
- 仿皮"万圣节恶魔"装；
- 紧身衣加迷你裙的"邪恶女巫"套装；
- 带着能用来"检查你的妆容"的折叠镜的大理石手机壳；
- 假指甲和闪粉。

我的天哪，和这一切比起来，我简直就是个婴儿，我完全不知道拿豹纹指甲和闪粉做什么。冒着听起来像个怪人的风险，让我告诉你我六七岁的时候在做什么吧。我的大部分时间都在和我的朋友"羊羔羔"和"毯毛毛"一起玩，它们都是毛绒玩具。羊羔羔曾经是一只毛绒蓬松的小羊羔，但不幸的是它的填充物总是漏出来。妈妈把剩下的都掏出来后，把它当作一个布偶，我倒不记得它有听起来的那么惨。毯毛毛被玩得太多，以至于它像我小时候的毯子那样，边角都开始散了，于是妈妈再次出手相救，把它缝成了一个枕头状的东西。

每隔几个月，羊羔羔和毯毛毛就会脏得不能再脏了，需要好好洗一洗。这在两个方面都带来了毁灭性的损失：其一，我花了很多工夫才让它们闻起来像一个可爱的毛绒玩具该有的样子；其二，这意味着在折磨人的三个小时里，羊羔羔和毯毛毛无论如何都是消失不见的。我会待在地下室里，坐在烘干机旁冰冷的水泥地上哭泣，直到我可以再次抱着它们继续我们的茶话会为止。我对文身和打扮成性感女巫没有兴趣。

别误会，我理解小女孩总是被独角兽、化妆打扮和闪闪发光的东西吸引。我有个女儿，我毫不怀疑，如果让她自己做主的话，她可以在之前提到的那家商店里花掉 500 美元。然而，我们还有余生可以涂蓝色睫毛膏、贴假指甲，却只有短短的几年时间可以搂抱一只绵羊布偶。

为什么要这么匆匆忙忙呢？

再回顾一下我在烘干机前为我的毛绒玩具哭泣的时刻，我要发表一个看似绝对疯狂的声明：这些时刻和我用来练习成为青少年的任何时刻都一样重要，包括在学前班教室或者在STEM[①]夏令营里的时候。是的，对小孩子来说，和毛绒玩具一起玩是有意义的，尽管它看起来像是没什么意义。

毛绒玩具对孩子来说很重要，这一点我会证明给你看。我通常不是那种自吹自擂的人，但是我要打破一下我的原则。你看到那个在烘干机旁边对着一个聚酯纤维布偶哭泣的女孩了吗？她长大后成了返校节皇后，在会议上发表演讲，喜欢在聚会上认识陌生人。我

[①] STEM 分别是科学（science）、技术（technology）、工程（engineer）、数学（math）四门学科名称的英文首字母。——译者注

确实做得好，非常感谢。我做得好正是因为我花了那么多时间抱着我的毛绒玩具。我提醒过你，这听起来很疯狂，但我对此坚信不疑。我之所以健康，是因为我有时间和空间当一个孩子。有很多很多的成长时刻，以缓慢、可控的速度出现。

没错，我对此思考了很久，我认为毛绒玩具朋友是美好童年必不可少的东西（我宽泛地使用了"毛绒玩具"这个词；每周在我兼职的学校的课堂上，一个小男孩总是带着他心爱的绿色火柴盒卡车）。

我们有个姨妈给我和我表妹丽贝卡买了一样的毛绒腊肠狗。一年夏天，这两只毛绒腊肠狗（名字都叫达拉）来到华盛顿特区旅行。第二天晚上，最激动人心的事情发生了，火警警报响起的时候，我们正在万豪酒店的五楼。住在酒店里已经够刺激了，现在又来这个？我和丽贝卡分别抓起各自的达拉，冲下楼梯逃离危险。我们当时拍有照片，腊肠狗们被得意扬扬地举着，站在那栋警报已被拉响的大楼旁。丽贝卡的达拉经常给我的达拉写信、寄明信片，我的达拉不是很能坚持写信的习惯，不过很喜欢收信。我认为有必要告诉你，在写信这事夭折之前，我们已经快上中学了。我想我们本应为这种孩子气的行为感到尴尬的，不过没有人费心提醒我们（丽贝卡真的和我一样很努力，后来她成了一名私人执业律师）。

有了这些记忆，我心里就有个柔软的地方来容纳很多美好时刻。有一次我吸尘的时候，看到我女儿的小兔子在婴儿推车里，裹着尿布，被温柔地掖好被角塞在里面。我还记得有个圣诞节，我给

第四章 来自笨拙的礼物：让孩子像孩子一样玩耍

孩子们的房间里放上了他们自己的小圣诞树，有一天晚上，我上楼去找班卓琴，有只毛绒玩具狗盖着毯子枕着枕头躺在圣诞树旁边。谁不喜欢睡在圣诞树下呢？

当然，这是福也是祸，任何一个曾在临睡前满屋子寻找"腌黄瓜先生"或者玩具棕熊的父母都懂。我第一次加入这个俱乐部是因为有人把骡子塞缪尔送给了我儿子。在令人印象深刻的一年半时间里，塞缪尔获得了毛绒玩具中的神圣地位。因为我儿子每天晚上都用两根胖乎乎的手指摩挲着骡子尾巴入睡，所以塞缪尔的尾巴上只剩下了三缕黑毛。骡子塞缪尔打过高尔夫，游过泳，在便盆上拉过便便，把脚趾埋进过沙子里，用雾化器吸过沙丁胺醇，被呕吐过，粘上过粪便，还吃过燕麦粥，吹干过毛发，帮忙做过圣诞蛋糕，所以不用说，比任何毛绒玩具进洗衣机里转的次数都要多。在它疯狂活跃了半年左右后，我和我丈夫得出一个坚定的结论：如果手头有一个替补塞缪尔的话，我们都会睡得更安稳些。

这就是我们出错的地方。首先，我不小心订了一个迷你版塞缪尔。话说回来，谁会看毛绒玩具订单上关于尺寸的小字呢？我很不好意思地承认，我原以为万一有紧急情况它也许可以凑合着用。低级错误啊，看到迷你版塞缪尔的时候，我儿子捧腹大笑。我们穷得叮当响，我也不准备为一个小娃娃的取笑花19美元，所以迷你版塞缪尔马上就被退回去了。

后来尺寸正确的替补塞缪尔到了，就是从那时起，真正的塞缪尔明显变得绝对"受宠"（请理解为"令人厌恶"）了，新来的塞缪

89

尔确实和从前的那个一模一样,却也因此很快被认定是个冒牌货。我们试图让它做替补,可我儿子称它是"舒服的塞缪尔",反复说要真正的塞缪尔。我知道你在想什么,然而所有想让他看起来邋遢的尝试都没有用,不管我踩它多少次又洗它多少次,不知为何,舒服的塞缪尔看起来更蓬松、更舒服了,而与此同时,真正的塞缪尔却更破烂、更粗糙了。显然,没有什么代替品能适合一个两岁孩子那充满爱意、沾着鼻涕、汗津津的双手。不止一个晚上,毛绒塞缪尔不见了,两个大人——两个完全长大、精疲力竭、忙碌的成年人——乖乖地花25分钟找一个10英寸高的毛绒玩具,而我们的学步娃抱着假冒的塞缪尔,躺在他的婴儿床里为之悲鸣。听起来挺好笑,但当时根本不好玩(正确的做法是什么?给新手父母插播一条公益广告:我妹夫从一开始就买了六个粉红色的大象玩偶,全部命名为"长鼻子",午睡和晚上睡觉的时候它们一直轮班上岗。虽然很费钱,但是太明智了)。

记得我上大学前收拾行李的时候,爸爸来到我房间。"你会把羊羔羔和毯毛毛带去吗?"他带着甜蜜而悲伤的微笑问道。我咕哝着说:"我想是的。"然后第一学期我把它们藏在了枕头下面。可怜的爸爸,我想现在我了解他的感受了。几天前的晚上,孩子们都上床睡觉后,我打扫卫生时看见了塞缪尔,不是假冒的那个,是真的那个,它被随意地扔在楼梯上。它不再被需要了,我真的有一点难过,但我捡起它,很感谢它在我儿子的童年里所扮演的角色。我把它带上楼,放在我10岁孩子的床上(你懂的,只是以防万一)。

不要强迫孩子玩毛绒玩具,更重要的是提供材料(柔软亲切的

第四章　来自笨拙的礼物：让孩子像孩子一样玩耍

朋友），提供时间（不是全天到处奔波），最重要的是提供一种从容不迫的精神（允许童年是童年的样子）。给他们买些毛绒骡子、毛绒狗或者布娃娃等，不要总催促他们去做更"重要"的事情。当他们在入睡前或者度假时需要"腌黄瓜先生"的时候，不要使他们感觉自己很傻。在你去逛老商店或者与老朋友聚会之前，也许你要多等一会儿，允许他们有点笨拙，甚至有点不够酷，允许他们把那些童年玩具和毛绒动物多保留一段时间。即使这意味着，你最终会拿着手电筒，在邻居家蹦床上搜寻一只屁股上有拉链袋的灰兔子。

第五章

来自想象力的礼物：不要让科技设备困住孩子的童年

童年是一座花园：让孩子做回孩子

有一天晚上我上完钢琴课，我爸爸来接我回家。他的脸上洋溢着笑容，说道："我有东西给你。"

我弟弟约翰差点从客货两用车上蹦起来："爸爸给你准备了一个惊喜，你会很喜欢的，是你一直想要的！"汽车底板上放着厚厚两层本地杂货店的塑料袋。我想不出他们在那里找到了什么东西，能如此得意。

约翰在他的脚边翻来翻去，递给我那份最大的惊喜：一盒麦片。不只是普普通通的麦片，这个盒子上面印有我一生唯一的偶像——奥运会花样滑冰冠军克里斯蒂·山口（Kristi Yamaguchi）的照片，我心花怒放。我把那个盒子变成了神龛，作为忠实的追星族，我把所有我能找到的、有关我偶像的每一张剪报或《大观》（*Parade*）杂志专题，全都塞进了那个盒子里，然后把它藏在我能想到的最安全的地方（显而易见，是我床底下）。

仅仅一读再读报纸上的文章和全麦维盒子的背面是不够的，一年看两次世界锦标赛也是不够的。我不仅爱克里斯蒂·山口，我还想成为她。事实证明，这需要相当多的想象力。我没有溜冰鞋，实际上也从来没有真正进过溜冰场。我从来都不擅长运动——这是对我某一年打过棒球右外野、参加过啦啦队的选拔却从来没进过啦啦队阵容的委婉说法。

但如果我想假装自己是克里斯蒂·山口，那以上种种都不重要了。其实，我确实有一双20世纪80年代的粉蓝相间的沃尔玛版旱冰鞋。我发现，如果和邻居家的孩子们一起把所有的扫帚和旧鞋子都挤到车库一边的话，你猜怎么着，中间光滑的部分就是一个理想的溜冰场！你只需要确保猫咪们能从车库里出去就可以了（这是通过艰难的方式学到的）。我们拖出旧的CD/磁带录音机，放进惠特尼·休斯敦（Whitney Houston）的精选CD，我有一个绝对激动人心的惯例是播放《我将永远爱你》（I Will Always Love You）这首歌。我还溜进妈妈的衣橱，偷了一条肉色连裤袜，它搭配上一件连体泳衣，让我看起来比谁都像克里斯蒂·山口。

我敢肯定，有好几次妈妈不得不在车库里搜寻拖把的时候，碰巧发现过这场1992年冬奥会滑冰比赛的搞笑重现，奇怪的是，我从来不记得她嘲笑过我们。我认为，对荒谬的表演保持非娱乐化是一项会随着时间变得越来越擅长的父母技能。乍一看，这个11岁的克里斯蒂·山口崇拜者搞出的小场景似乎没什么，但我要告诉你，这可不是无关紧要的。当我们把自己塞进连裤袜里，用爸爸的发胶涂抹光滑的滑冰运动员式小圆发髻的时候，我们在做的事情很重要。

我们在梦想。

这与我前几天见到的情景看似不同，但其实一脉相承。那天我

95

童年是一座花园：让孩子做回孩子

正在折叠亚麻餐巾的时候，我女儿骄傲地走进来，穿着她搭配的小行头。她拿了布娃娃婴儿床上的缓冲床围，用它包裹住全身，使它成为双重用途的女王长袍和婴儿背带，她胸前是她的毛绒小猪，就像杂货店里六个月大的婴儿一样脸朝前舒舒服服地坐着。她头顶是一顶塑料皇冠，完美地诠释了她作为"小猪的妈妈，同时也是世界女王"的装扮，她笑容满面。

克里斯蒂·山口与小猪的世界女王妈妈，以及妈妈与我，这两者都一样。我妈妈出来拖地，我折叠毛巾，我们都认为这些活儿是一天中的重要事务。但是，假如裹着婴儿床床围和挤进连裤袜里是最重要的事情呢？

我想它们是的，原因如下。

首先，这样的时刻能够培养创造力。我不是什么公司的老板，但如果我是的话，我想要能设计出创造性解决方案的员工。创造力不像棕色眼睛那样是与生俱来的特质，但它可以训练，而这正是想成为花样滑冰运动员的人们在车库里所做的事情，他们是在拉伸脑力、创造力和想象力的"肌肉"。

其次，这样的时刻帮助孩子们用健康的方式逃离。童年是美好的，但充满了真实和想象的损耗，比如父母的争吵、教室里的霸凌、对下一阶段的焦虑、孤独，还有朋友搬家造成的心碎。运用想象力能帮你逃离眼前的现实生活，把你暂时带到一个不同的世界。当然，我们不能也不应该总生活在想象中，但是只要一小会儿，我们的思想就会被传送到另一个地方，一个更安全的地方。

最后，这样的时刻能帮助孩子们去梦想。这是在拉伸前面提到的那些"肌肉"，用来说明"虽然还没有做到，但是你可以的"。这难道不是想象力能给予人们最好的礼物吗？以下方法可能对你有所帮助。

- 允许他们去想象，经常坦率地和他们谈论。
- 提供时间和空间去创造和梦想。不要永远到处奔波，他们需要毫无计划地闲逛。
- 和他们一起梦想。你不必告诉那些不擅长运动的 10 岁孩子，他们可以成为奥林匹克奖牌得主。但是基本每次谈话都应该有这样一个想法："是的！如果让你做一些了不起的事情！我很好奇你会去做什么？"
- 做他们最热情的啦啦队。最重要的是，当你去找拖把，却发现你的女儿因为"参加奥运会"而穿着你的连裤袜的时候，永远永远不要笑（至少在你关上门之前）。

幻想自己长大后想成为什么样的人，差不多是孩子们的固有习惯——这似乎是与生俱来的。但是当我们参与其中的时候，它可以成为我们给孩子的一份真正美丽的礼物。不仅仅是和他们一起梦想，而且是点燃想象的火焰，给他们空间去享受富有创造力的童年。享受阅读，保护游戏，接管并善用科技，让我们开始为我们的家庭做这些我们能做到的事吧。

玩耍是有回报的

孩子们不像以前那样玩耍了,真可惜。新的研究继续表明,玩耍正被挤出童年,代之以更多的学校学习或普遍的忙碌,这种忙碌以技能类课程、社团和训练营的形式出现——而孩子们并没有因此而变得更好。

这并不是说大人们变得卑鄙残忍,把孩子从秋千上拽下来,从死胡同的踢球游戏里拉出来只是为了泄愤,完全不是这样的。玩耍被驱离,是因为人们认为,如果孩子们做更多"重要"的事情,对他们会更好。但讽刺的是,孩子通过玩耍来学习才最有效。

一般而言,我们很容易谈论别人,并假定是普通大众在犯错误,很难意识到自己也在这么做。

人们见到我五岁的女儿时,问的第一个问题就是"你在上幼儿园吗",答案是"没有"。我并不为这个决定感到难过,但是我确实感到在学前班的这一年里有一种潜在需要,那就是要高效地做好准备。因为我既是她的妈妈,又是她的老师,所以我对这份压力有着独特的体会。没有其他人会让她准备好,你不能指望今天只学字母,明天会有其他人来做困难的工作,因为那个其他人就是你自己,明天早上也不会出现比现在更令人振奋的情况。我听说朋友家上幼儿园的孩子"落后"了,正努力跟上同龄人的步伐。虽然我女儿的同学都是虚构出来的,但总有一天她的同学会是真实的人,我的好胜天性使我不希望她"落后"于任何人。

所以有些早晨，我们坐在棕色的大桌子旁，拿着一本看起来非常学术化的练习册，试图弄清楚海豹宝宝和海豹妈妈的习性。我做了一件不妥的事，我知道她累了，但我感到了压力，她现在确实应该能总结出海豹妈妈和海豹宝宝的习性了，于是我催促她做。她的小肩膀耷拉下来，眼睛里泪汪汪的，她戏剧性地把手放在额头上，哭着说："我做不到！我看不懂！"我读过足够多的教育资料，知道我们已经到了高效学习的终点，知道这时最好停下来，但是我没有停（我说过了，这太不妥当了）。我又从她那里问出了一些关于海豹习性的答案，但也问出来她一池子的眼泪，我们俩都挺沮丧的。

一完成任务，她就跳下椅子，蹦到她的玩具前，开始愉快地把塑料小熊们排成一排，一边玩一边欢快地唧唧咕咕地自言自语。我也注意到了这一点，我把她逼得太紧了。我的意思是，当然，她会没事的，她也确实如此。毕竟以后她终究需要学习那些习性，但是我真的做到最好了吗？

我婆婆是这方面的专家，她当过25年的幼儿园老师。你能想象她拉了多少拉链，系了多少鞋带，用吸管戳了多少果汁盒，帮多少小胖手写过字母吗？她的耐心让我震惊。她对玩耍的看法是：

> 幼儿园就是玩的地方！他们不应该坐下来做练习题。他们需要奔跑、涂画、搅拌、问问题，然后在筋疲力尽的时候，打个盹儿！玩耍并不是他们工作时的分心，玩耍就是他们的工作，它在很多方面为他们一生中所需要的技能做准备。

观察过去几十年幼儿园的目标与现在幼儿园的目标之间的差异，我觉得很有意思。我的朋友杰西卡是一所很棒的特许学校的幼儿园老师，那所学校重视老式的好东西：较慢的更自然的学习速度、感官游戏、想象力、精细运动和大运动技能，还有社交技能。这些都是很棒的东西，但是这也意味着更少的练习题、更少的家庭作业、更慢的阅读计划。父母们对此有何感想？杰西卡说他们常常不喜欢这样，他们担心自己的孩子可能会落后，孩子没有家庭作业让他们感到紧张。杰西卡告诉他们："回家后让他们在家里烘焙，或者荡秋千，在附近玩耍。这阶段他们不需要上更多的课。"

我发现有趣的是，不仅这些孩子最终都学会了阅读，而且他们的学校还是该地区最成功、最受欢迎的学校之一。

毫无疑问，玩耍是有回报的。

关于学前教育问题，我要再补充一点，过去几年出现了鼓动参加早期学前教育的现象，以至于我的这些话听起来像是异端邪说，但无论如何我还是要说，如果你不想把你的孩子送到学前班，而更愿意让他/她待在家里，每天都有丰富的对话和游戏——去公园、去图书馆、做饼干、读书、睡午觉、鼓捣橡皮泥，那我不认为这是在害他/她。相反，你的孩子恰恰正在做一个三四岁小孩应该做的事情——玩耍。

第五章　来自想象力的礼物：不要让科技设备困住孩子的童年

阅读对孩子的重要性和积极影响

前几天，我必须去通信公司买一部新手机。我很想谈谈我的新手机是如何花费了和一辆二手但好开的汽车一样多的钱，但这不是我们讨论的重点。其实也不是因为我手机突然出现"存储空间不足"的问题，我强烈怀疑是（我手机游戏里的）虚拟沙鼠意识到这部手机已经用了四年了，它们要引诱我去买个新的。这些小东西真的很烦人，但是同样地，它们不是本章的重点。

我想和你们分享的是，我不得不带孩子们一起去办这件事。我知道这需要一段时间，所以我策略性地带了两样东西：一摞书和一把棒棒糖。把车停在停车场时，我说："孩子们，你们来读这些书，你们要乖乖的。等我们办完事，你们就可以吃这些棒棒糖了。明白了吗？"他们明白了。

在通信公司的人变魔术般地把我的旧照片转到我的新手机上时，那个帮我的女孩目光越过我肩头，看了一眼，一脸震惊地说道："你的孩子们现在都在看书吗？"我觉得她的眼睛已经睁得不能再大了。"你会魔法吗？真是不可思议。嘿（对在旁边柜台工作的人说），瞧那些在看书的孩子！你能相信吗？"

我确实非常享受那几分钟的感觉，仿佛自己是个拥有天使孩子的独角兽家长。然后，天使孩子中有一位厌倦了关于大象的书，开始去扯另一个孩子的腿毛，后者正想读那本《神奇树屋》（*Magic Treehouse*）。二号孩子用（幸亏是平装的）书砸了一号孩子的头，我就像午夜时分灰姑娘的一只马鼠一样回到了现实中。毫无疑问，我失去了我的完美父母奖章，但是商店员工仍然难以置信，三个孩子能在没有电子设备的情况下坐下来读 20 分钟书。其中一个说："我真的没见过来这里的孩子不用电子设备的。"

我不喜欢讲这类故事，我与那种拥有天使孩子的独角兽父母相差甚远（我妹妹珍妮才是那种父母），我更喜欢和你们谈我自己的小缺点，因为我担心你们会翻着白眼放下我的书，觉得你们永远不能（或永远不愿）做你们正读到的任何事情。

但是这个故事很重要，比我不想当那种讲讨人厌的"你看看我"的故事的作者还要重要。老实说，我只要多想一下就会热泪盈眶。阅读是一门濒临绝迹的艺术，一群商店员工不记得他们见过孩子在业余时间读书的这个事实绝对会令人心痛。

那这到底是为什么呢？阅读有什么用呢？关于阅读对孩子的重要性和积极影响，以及它如何影响大脑发育、如何增强同理心等，有大量的研究和统计数据。与其说我是从专业人士的角度，不如说是从一个母亲的角度来看待这些问题的。

为什么阅读很重要？它给童年带来了什么？我认为有以下这些看法。

感恩。今年我和孩子们读了《小步走：我得小儿麻痹症的那一年》(*Small Steps: The Year That I Got polio*)，他们从第一段就迷上了这本书，跺着脚大声嚷嚷，苦苦恳求我："再读一章！"（这并非一贯现象。）当我们读到，20 世纪 60 年代感染脊髓灰质炎的孩子如果不能自主呼吸，就要躺在一个被称作铁肺的机器里度过时光时，我们既震惊又严肃。我们想到如果我们余生都被困在铁肺里，我们会失去所有看到的、做到的、听到的事物，突然间，钢琴课、铺床和其他可怕的家务似乎就没那么糟糕了。

我的一个朋友最近告诉我她很担心，因为她的孩子们很难满足。他们生活在一个非常富裕的地区，和朋友相比，这些孩子还觉得自己玩得不够，买得不够。我给她的建议是读书给他们听，给他们讲一些真正挣扎和受苦的孩子们的故事。阅读就像和与你迥然不同的人交朋友，你的同理心和感激之情会被极大地激发。

自律。阅读不能快进，阅读不是一个即时奖励系统。一本真正的好书需要努力和坚持，它对你有所要求，并培养你的技能。

希望。故事给我们希望，因为它提醒我们事物可以不同。它帮助我们走出自我，相信变化和成长，认识到我们眼前的世界并不是全部。11岁时，我第一次感到非常孤独。我们搬到了相隔五个州、离我童年的家和我所有的表亲500英里之外的地方。在我六年级的小班上，有四个男孩和一个孤僻的女孩，没有一个人回应我尴尬的微笑。感谢命运的仁慈以及公共图书馆，我在六年级找到了一个志趣相投的朋友——安妮·雪利（Anne Shirley）。《绿山墙的安妮》（*Anne of Green Gables*）系列有八本书，我之所以知道这一点是因为在六年级那个寂寞的冬天，放学后我盘腿坐在床上读了每一本。这些书不仅仅是陪伴，更是治愈。

孩子读什么样的书重要吗？它们都是同等的吗？

童年是一座花园：让孩子做回孩子

在家庭教育的世界里，关于阅读材料的平衡有一种略微激烈的讨论。父母应该允许孩子们阅读多少有益的书和多少没有成效、"没有教育意义"的书？许多家长强烈反对今天的许多青少年文学、漫画小说和儿童读物。我对此有不同的看法。我认为只要不是内容不宜（经常如此！你必须检查一下），两者都读是可以的。我发现"没有教育意义的"的阅读往往是通往有益阅读的道路。如果一辈子只看《星球大战》漫画、《少女侦探简森》(*Cam Jensen*) 和《保姆俱乐部》(*Babysitter's Club*)，那就实在太可悲了。但是我让我的孩子们，尤其是在阅读的早期阶段，找一些简单而有趣的符合他们阅读水平的书来读，然后我让他们读15分钟我喜欢的书，最终他们会被吸引。

我来分享一些实用的小技巧，我相信这些技巧会鼓励你的孩子广泛阅读。

树立榜样。我一直是个狂热的读者，但在我有孩子之前，以及有孩子后的好几年里，我停止了阅读。我是说，我读网络医疗健康信息平台上关于"链球菌的传染期有多长"的文章、肉糜卷的食谱以及浴室里的杂志。但是书本？哈！我连刮腿毛都几乎没时间。有段时间就是这样的。后来我开始教我的大儿子读书，我会说："书太棒了！你应该读书！"而我从来不读书。这感觉很虚伪，所以我又开始阅读。有时候，阅读让我有负疚感，这真的很奇怪，但是我确实感到内疚。我猜我是觉得，如果厨房水槽里还有盘子（通常都有）或者烘干机里有衣服（一样也有），我就不应该看书。我慢慢意识到，我是一个活生生的"作为成年人如何生活"的榜样，这让人害怕。我希望，他们将来成为在晚上读书而不是无休止地刷手机的成年人。

父母该做的。有时候，你不得不让孩子做他们一开始不喜欢的事。记不清有多少次，我让孩子读一本他们不想读的书，他们会消失几个小时，但最后我会发现他们沉浸在他们不喜欢的书里了。为了让孩子们阅读，有时候你必须逼他们一下。这就是为人父母要做的事情，所以不要害怕。到目前为止我的原则是，如果你在读完四章后仍然不喜欢它，那你就不必读它了。最终，在学校里他们必须坚持阅读，而我让他们读的经典书籍，十有八九他们最终还是会喜欢上的。

提供良好的选择。我经常说，不管我作为一位母亲失败了多少次（太多太多次），最起码能安慰我的是，我每个月都会带他们去图书馆，我们每次归还40本左右的图书，然后借出同样多的新书。图书馆真的很神奇，尽管它不是免费的，至少对我们家来说不是。我们大约每四个月会把一本书遗忘在后院，另外有一张《警犬汉克》的 CD，我向你保证是有怪物溜进我们家把它吃了，因为它不见了。

不要害怕给予奖励。去年夏天，我们家的任何人只要读完 10 本书，就可以买一本全新的书，包括父母！有时候你不得不阅读是因为你必须阅读，但我认为提供激励也很好，特别是在自由时间充裕的季节（比如夏天）。

限制选择项。这就引出了我的下一个问题。如果你希望他们读书，那就减少或者偶尔隐藏其他更有趣的选项。在我们家，孩子必须去挣出看电视的时间。这是一个冗长而复杂的系统，不过，它的本质内容是我们选择了一些孩子必须做的事情，让他们赚取时间用来看电视，或者在我妈妈买给我儿子的那台摄像机上玩电子游戏——我们起初不知道那台摄像机里有电子游戏（你可以问问我对秘密藏有电子游戏的摄像机是什么感受）。无论如何，电视不能一直看，手机应用程序和电子游戏也不能一直玩，否则书就远没那么有趣了。我对这个明显的计策并不感到歉意，它让我们所有人都读了更多的书，这是一份我永远不会后悔的礼物。

当我思考最希望你从这些关于阅读的文字中获得什么时，有一点引起了我的注意，那就是关于做个好榜样的部分。比如，我真的希望我的孩子每顿饭都吃蔬菜，我希望他们现在就能做到健康饮食，我希望他们长大后成为每餐都吃蔬菜的成年人。但问题是，有时候我也不想吃菠菜沙拉来配我的墨西哥豆泥卷饼，我只想要普通的墨西哥卷饼。我午餐吃太多这种没有沙拉的墨西哥卷饼，孩子们会注意到的。他们可能不会说什么，可能会继续吃我认真地放在他们盘子里的胡萝卜条或芹菜，但我向你保证，这样下去他们会慢慢明白的："等一下，吃什么妈妈可以自己选，她只吃墨西哥卷饼，不吃蔬菜！我长大以后也要这样做，我已经等不及了。"

我们可以监控我们想要的一切事情，但是我们的榜样示范含义更深。吃掉那些蔬菜吧，读读那些书吧，妈妈们。无论如何，它们都会让你感觉更好。

第五章　来自想象力的礼物：不要让科技设备困住孩子的童年

与孩子不被干扰地高质量相处

几年前，我在附近的游泳池里得到一个顿悟，我在自己的博客和《赫芬顿邮报》(The Huffington Post)上写过这事，标题是《手机正在毁掉你的夏天》(The iPhone Is Ruining Your Summer)，因为我正好目睹一些非常新潮的少女全神贯注地用手机自拍，然后坐回椅子上各自盯着屏幕看。我还记得自己的中学时代和拥有过的快乐时光，穿着清仓甩卖的泳衣在泳池里扑腾，然后和我最好的朋友一起晒着日光浴，东拉西扯地聊些有的没的。请不要误解我，我不是在指责游泳池里的那些青少年，因为如果我站在他们的立场上，我也不太可能做出一丁点不同的选择。见鬼，我现在是个母亲，比20年前更聪明，但如果我和朋友去游泳池，有一个小时的空闲时间，我也会做同样讨厌的事情——沉浸在我自己的电子设备里（或者动用强大的意志力不那样做）。但是很遗憾，从第一次有人可以在等待把一磅火腿切片的时候查看邮件开始，一切都变了。我们可能已经获得了在等红灯时订购高跟鞋的能力，但是我们也失去了一些东西、一些有意义的东西，我们失去了无聊、失去了交谈、失去了只是享受简单时刻而不记录它们的能力。

许多正在读这本书的人拥有一种越来越罕见的奢侈品，即你和我一样还记得科技尚未普及的童年时代。你最喜欢什么活动？你最喜欢的回忆是什么？真希望我们讨论这个问题时，我能坐在你对面，因为我敢打赌，不久之后我就会微笑着，点着头，泪盈于眶。我发现在这种回忆中有一些相同的主题。

- 我们和其他孩子一起玩很有活力的游戏，有时是表亲，有时是邻居，有时有趣的大人们也会加入进来。我们会玩夺旗、捉迷藏、棒球和触身式橄榄球之类的游戏。
- 我们经常在户外做一些冒险或自认为惊险刺激的事情。
- 拥有与父母及家人在一起的不被干扰的高质量相处时间，比如，父母讲犯傻的故事，一起坐车、修车，一起烘焙、运动等。
- 经常融入大自然，有机会整天在沙滩上玩耍，捉萤火虫（有多少人提到捉萤火虫，真不可思议），爬树，建造堡垒。

值得注意的是，在最珍贵的记忆清单中，电子游戏和看电视的下午明显不在其列（虽然一个美好的电影之夜会不时出现）。

现在的孩子还有这样的回忆吗？根据2015年常识传媒（Common Sense Media）的一项研究，美国青少年有近2/3的睡眠之外的时间花费在屏幕上，这个统计数据令人难以置信。

这篇关于科技的文章至关重要，但也很麻烦。我并不想在没有实际意义的情况下一味地伤感怀旧。不，旧日无法重现，那会是徒劳无功、不可能实现的目标，我并不是为了我们所有生活在这个有《潘多拉》（Pandora）网络游戏和疯狂橄榄球联盟游戏、有Instagram时代的人，在没有任何可行性的情况下哀悼美好旧时光。不，我想问的是："在现代的新世界里，我们如何给自己的孩子一个最好的童年？"我对这个问题想了很多，我想和你们分享一些指导原则，这些原则从了解科技的滥用对儿童的影响开始。

这里的关键是，你需要装甲、弹药以及所有可能存在的军事

第五章　来自想象力的礼物：不要让科技设备困住孩子的童年

隐喻，以便在那些你决心反对的对各种科技的密集请求中幸存下来。你需要了解自己的装备，有很多关于这个主题的书，幸运的是我读过很多。以下是我为你提供的在那些你想放弃、想和别人一样行事的脆弱时刻需要了解的一些要点。有些事实你可以告诉你的孩子、你的丈夫、你的朋友和你自己。我很感谢《屏幕使用强解》(The Screen Strong Solutions) 一书的作者梅兰妮·海姆普 (Melanie Hempe)，她对这个问题的深刻见解使我很受益。

1. **生物学证明，儿童的大脑需要大量事物才能以健康的方式发育，而这些事物中确实没有一样是必须基于科技的。** 为了茁壮成长，孩子们需要触摸、自然、音乐、同理心、友谊、语言、运动、精细动作能力、睡眠、阅读、家庭依恋和白日梦。简单地说，童年时期有太多的事情要完成，不能花费过多时间去做无助于实现健康发展目标的事情。

2. **最重要的是，孩子需要依恋他们的父母和其他人。** 当他们感到疲倦或孤独的时候，《堡垒之夜》游戏是一个可以倾诉的好友或妈妈的无奈的替代品。如果我们不去建立这些联系，那它们就不会存在。总的来说，科技不能建立对健康发展至关重要的关系；相反，科技会阻碍这种关系。

3. **90% 的成瘾是从童年开始的。** 童年发生的事情确实会改变孩子的大脑。

4. **与通常的解释相反，社交媒体和电子游戏并不是为生命做准备的，而是为成年人设计的。** 正如梅兰妮所说："当我们像对待成年人一样对待孩子时，会伤害他们。社交媒体不是为孩子们设计的，它是一种营销工具，不是基础科技。找工作不需要学习 Snapchat，我们为什么要花这么多时间去做如此没有必要的事情呢？"

5. **实际上，儿童和青少年时期是人类过度使用科技最糟糕的时期**。他们还在发展自己的个性，他们的大脑还没有达到心智成熟，他们不容易做出明智和慎重的决定，他们比成年人更容易形成永久的成瘾。

6. **并非所有的屏幕都一样**。看电视剧《罗杰斯先生的邻居》(*Mr. Rogers' Neighborhood*) 与玩《堡垒之夜》游戏是不一样的，练习你的打字技巧和在 Instagram 上查看你的"点赞"是不一样的。我不可能列出所有好的、坏的和比较好的各类屏幕使用的可能性，因为有太多的可能性，而且等到这本书出版的时候，这个数字可能已经翻倍了。不过，比较好的屏幕时间选择有以下特征。

- 限定的短时间段（与连续不间断的社交媒体访问相比，一集节目更符合要求）。
- 在屏幕切换之间有较长的时间间隔（想象一下《罗杰斯先生的邻居》节奏缓慢，这是好的；《乐高大电影》这类疯狂、热闹、喧嚣的动画对于发育中的大脑就没那么好了）。
- 共同观看的活动，比如全家一起看电影或者玩游戏。
- 与被动观看相比，成瘾性主动行为类似于赌博——你总是想继续这个行为来获得满足（成瘾性主动活动的一个例子是打游戏，甚至连在社交媒体上获得点赞也属于这一类。一起玩棒球电子游戏似乎没问题，但这是一种沉浸式技术，你必须做出反应并参与其中，因此对大脑的影响不同）。和家人一起看棒球比赛是被动的、观察性的活动。

我们该何去何从？我会给你切实可行的建议。但首先，我来讲个故事。

几年前，我妈妈开始了被称作"卷心菜汤瘦身法"的节食。不言而喻，就是做一大锅卷心菜汤，然后吃掉它。听好了，早餐、午餐、晚餐都是它。她试图让我爸也这样节食，但第二天，他就非常痛苦，我们都恳求她给他吃点烤奶酪和土豆泥。卷心菜汤节食法听起来有点激进，你要用这种汤把你的身体清理10天，然后逐渐加回你想吃的食物，比如一个素烤土豆或一根香蕉。这有点疯狂，不过说实话，不管是谁想出来的，有几点是非常好的：（1）我们都吃了太多垃圾食品；（2）我们可能需要好好净化一下；（3）蔬菜有益于健康。

为什么我要谈论卷心菜汤？因为有时候你不得不提出一些激进的建议，比如卷心菜汤瘦身法，来引起人们的注意，让他们变得更健康。有时候需要有一个偏激的人把其他人引导到更健康的中心。

我是在给你提供相当于卷心菜汤瘦身法的技术。我要说的事可能听起来过分、不合理、偏激，但是如果它们能引起你的注意，让你家变得更健康，那么我不介意当提出这个建议的疯子。如果你不喜欢它，你可以朝我扔虚拟的西红柿（或者卷心菜，无论什么都行），我能忍受。

我想澄清一点，我并不是把下面的指导方针奉为圭臬，告诉每个人在每个地方都要做什么，但我确实想提供一些具体的界限。以下是我们在家里做的事情，你也可以在下一节里找到我们家的科技设备宣言。

孩子们在他们自己有能力购买之前不能得到手机。对对对，我知道买部手机要花大概 100 万美元，太贵了，以致于你简直得找份工作才能买得起，而这也正是我想说的。如果在那之前他们需要一种与我们沟通的方式，他们会得到一个简化的、只能通话的手机或手表——一种没有应用程序或互联网的设备。

一般来说，使用屏幕不在我们的常规活动列表中。玩应用程序、播放视频或者浏览社交媒体也不在我们的日常生活中，我们有太多其他的好活动要做。除非有人生病或者在候诊什么的，否则我很难得允许他们做这些事。这就像生日蛋糕，特别又珍贵，但不是每天都有。

我们不允许孩子玩第一人称角色的射击类电子游戏。一般来说，我们限制到几乎不玩电子游戏。有一次我问我以前的牧师，在育儿方面他有什么不同的做法（他有三个已经成年的孩子），他立刻回答道："我绝不会让电子游戏进我家。" 我们自己没有电子游戏设备，所以他们在奶奶家使用（我有些朋友只在周末玩电子游戏，或者在夏天的时候每天玩一个小时）。

父母定下基调。对我来说，这是非常有说服力也非常重要的一

第五章　来自想象力的礼物：不要让科技设备困住孩子的童年

条。他们在观察我们是如何对待手机的。他们在一英里之外就能嗅到不真实的味道，我们必须能够示范如何健康地运用科技，因为总有一天他们也会有手机。

我意识到，随着孩子年龄的增长，事情变得复杂起来，中间也有各种模糊地带（他们能浏览父母的 Instagram 账户吗？多久一次？在什么样的监督下？他们在邻居家能玩游戏吗？给朋友发短信有什么限制吗？晚上我们房间里放手机吗）。我可以告诉你我对这些问题的答案（我坐在你旁边的时候可以，每天一次；不可以玩游戏，我有权看所有的短信；所有的科技产品都放在客厅里）。不过，我也发现问题在不断变化，我认为关键原则依然存在：

- 大量地限制科技设备，不要害怕这样做；
- 找到一个和你做同样事情的群体，并且互相鼓励（这太重要了！你的孩子需要被同样养育的其他孩子，你也需要像你一样抚养孩子的其他父母）；
- 追求科技之外的丰富生活。

我绝对不会夸大重要的内容，你可以追求这本书里提到的其他任何事情，但是如果你在这件事上失败了，你的孩子将会遭受极大的伤害。关于科技的这个部分是至关重要的内容。沉迷于科技的孩子不能很好地玩耍，他们不能很好地对家人产生依恋，他们更早地接触到色情图片，他们的阅读能力受到影响，他们的想象力被损害。你一定要把这部分做得尽量正确，做不到就要拼命努力尝试。我这么说并不是为了让你不知所措或者灰心丧气，而是因为我

113

相信这对于现代的家庭养育至关重要,这方面我们必须做到不随波逐流。

这涉及很多具体的决定。我并不是说如果你不严格按照我说的做,你的孩子就注定完蛋了。但是,如果你因科技对你家庭的影响感到挫败,并且一直希望得到具体的指导,那现在你要的指导来了。如果你不想在这方面随波逐流,可又感到孤独——那我告诉你,你并不孤单,你可以做到的。而且,嘿,看看阳光的一面,至少你今天晚餐不用喝卷心菜汤!

制定家庭使用科技设备限制令

当你的孩子到了要使用科技设备的年龄时,我认为,全家人共同决定你们对科技设备使用的看法是一个很棒的主意。让我来阐明一下我所说的"共同决定"是什么意思。作为父母,你制定规则。这是你的家,是你的科技设备和无线网络,因为很可能是你付钱买的!所以你有最终的发言权,你首先是制定你们家科技设备使用与限制决定的"指导委员会"。

接下来重要的一步是创建一份宣言,一份详细说明你们决定的文件。你可以举行一次家庭会议来介绍你的宣言,问一些符合年龄的问题,可以包括诸如"如果你和某人说话时,他看他的手机而不看你,你有什么感觉?""你是否曾因为别人在网上谈论你而受到伤害?""你最喜欢做的与科技设备无关的事情是什么?"之类的内容。然后我会提醒孩子们，他们可以让父母也同样遵守这份宣言，这份文件可以是你们用来互相监督和提醒的东西。你们甚至可以把它打印出来，装裱好，然后挂起来！

由于每个家庭都不一样，所以我不会告诉你如何拟定你们的家庭宣言，但我会和你分享我们为自己设计的宣言。

斯马特家科技设备宣言

我们相信要鼓励大家通过使用科技设备来帮助我们实现生活中的主要目标——爱他人并使我们每个人都成为最好的自己。我们知道，科技设备既不好也不坏——它是一种可以被用得好或不好的工具。我们相信，要想用好它，我们就要有责任感。我们需要生命中的人在科技设备削弱我们的时候唤醒我们。我们要能够坦诚、优雅地谈论我们如何做以及哪里做得不好。我们需要在科技设备上安装能帮助我们解决不足的系统。我们需要我们的手机和科技设备是开放式的——里面没有私密应用程序或私密谈话。

因为生活中最美好的部分发生在远离屏幕的地方，所以我们需要从工作、游戏和电子设备中抽身出来休息。我们相信意识的时空应该免受科技设备的影响，这样我们才能得以歇息、重新联结和冒险。我们的卧室、我们的用餐时间、我们的假期，以及我们的星期天都是我们争取精神留白的地方。

我们知道社交媒体可以用来做好事,也可以用来做坏事。在我们家,我们希望利用它来相互联系、鼓励和学习。无论对方是否站在我们面前,我们都会友善地与之交谈或谈论对方;我们把使用科技设备当作关爱他人的方式;己所不欲,勿施于人;我们明智地发帖子、发短信、分享自己的事情。世上没有藏得住的秘密。

这就是我们家的科技设备宣言。我鼓励你现在就思考如何做对你和你的家庭才最好。

除了屏幕,还有很多可做的事

孩提时代要做的事情太多了,怎能被困在屏幕前呢?有跳房子游戏要玩,有踢球游戏要玩,有水坑要踩,有堡垒要建造,有毛绒动物要排队检阅;有蜥蜴要抓,有泡泡要追逐;有柠檬茶派对要举办,有字母要涂写,有球赛要去赢,有精彩的故事要读;有吊床要

第五章　来自想象力的礼物：不要让科技设备困住孩子的童年

晃悠，有蒲公英要采摘，还有假装的婴儿娃娃要打扮和拍嗝；有日落要欣赏，有彩虹要寻找，有萤火虫要捉；有自行车坡道要建，有风筝要放，有泥饼要拍平再和起来；有小爬虫要挖，有大昆虫要翻找，有车道自行车比赛要举行；有俱乐部要创建，有侧手翻要尝试，还有那么多歌曲要学唱；有偎依有拥抱，有南瓜要去摘，还有礼物要包装。

哎呀，还有好多东西要学呢！怎么屏住呼吸，如何握住铅笔，荡秋千的时候怎么正确并住双腿？怎么拼图，怎么打双结，怎么打弧线球，怎么扎像妈妈那样的马尾？怎么骑自行车，怎么骑马，怎么乘着海浪到岸边？有野餐要进行，有冒险要做，有朋友要交，有功课要学习。屏幕并不都是坏东西，只是有太多的事情要做，不能长时间困在里面。

下面是一份简要清单，列了你可以做的事情，这些能帮你在不使用科技设备的情况下安排孩子的时间。

如何在没有屏幕的情况下安抚一个挑剔的孩子：

- 给他读一本书；
- 安排他坐在沙发上，上面铺一条舒适的毯子，放上一堆可以翻看的书，或者播放有声书；
- 给他吃点零食（有时零食可以消灭很多哀号）；
- 让他坐在你腿上，给他揉揉背；
- 给他洗个温暖的泡泡浴；
- 把他放进装满球或玩具的浴缸里；

- 用毯子搭一个堡垒，里面放上毛绒玩具、枕头和书；
- 开车去兜兜风，让她看看窗外；
- 在一个烦躁的下午去喝点小鸡汉堡店的柠檬水也没什么不对；
- 给他一些可以在盒子里玩的感官玩具——沙子、水、水宝宝珠子、面粉、干意大利面——连同用来舀的勺子或杯子。

我们也可以把这个叫作"妈妈，我很无聊"清单，在那些你被困住或者看什么都不满意的日子里拿出来用。你也可以借用这个清单来思考你自己的行动清单，然后在你需要的日子里，把它放在手边——因为如果你是一位妈妈，那有一件事是肯定的：你会需要它的。

第六章

来自平衡的礼物：
孩子最重要的不是成功，
而是性格

童年是一座花园：让孩子做回孩子

我大儿子五岁的时候，我们给他在青年会报名打橄榄球，这看起来像是每个家长都会做的事情。我对这个橄榄球赛季的记忆很少，印象中只有几件事很突出。

- 意外进球和有意进球的次数差不多。
- 我儿子有一次态度很差，赛后拒绝握手。我那身为前海军上尉的公公用力拽着他的耳朵，把他拽到握手队伍里，那是20年来我见过的他最凶的一次。
- 我有个侄子非常具有攻击性……不是说在真正的橄榄球比赛中，而是对看台上他疑心在吃他水果零食、喝他果汁的弟弟，他总是用犀利的眼神狠狠地盯着。他会跑到场边（注意，是在比赛中途）大喊："别吃我的磨牙零食了！"毫无疑问，他是场上最具攻击性的球员。

再没有什么比六月中旬某个周六早晨的球场更能展现父母单方面的爱了，它让我目瞪口呆。这些妈妈们是社团中最繁忙、最疲惫、最劳累的人群，她们本可以去做别的千百件事情中的任何一件，尽管整个晚上每三小时要给孩子喂一次奶，10年来从未有过一个悠闲的周六早晨，可是她们还是来了，带着防晒霜、装着

第六章　来自平衡的礼物：孩子最重要的不是成功，而是性格

咖啡的保温杯、鸭嘴杯，还有草坪躺椅、毯子、太阳伞，以及足够支撑开车去墨西哥的零食。他们在最极端的条件下——不管是雨夹雪、毛毛雨，还是烈日暴晒到汗珠顺着黏糊糊的T恤往下滴的天气，都会热烈地喊出诸如"好样的""干得好，伙计"之类的话。

顺便说一下，虽然我主攻球类运动，但我可以谈论好多受欢迎的儿童运动项目。我有个朋友，她的女儿们在体操和舞蹈方面很出色，她每周的时间表里都排满了女儿们的比赛和排练。也许对你家来说，那些项目是游泳、拉小提琴、歌唱比赛、卡丁车赛、花样滑冰或者戏剧表演。

而这样做是为了什么呢？是什么促使父母们面对周六早晨其他各种更吸引人的选择，仍然心甘情愿地参与这场盛事？当然，我无法知道每一位在华氏90度①的天气下把一个常常缺乏热情的小联盟球员拖去球场的家长的具体动机，但是有一些共同的因素吸引我们投入（有时是过度投入）为孩子们组织的活动。

- 孩子参与某件事的时候会感觉很好，当他们擅长某些事情的时候会感觉更好。
- 作为父母，我们总是执着于一些所谓有意义的特定领域。例如，我们普遍认为，赢得游泳或舞蹈比赛、成为先发投手、踢旅行橄榄球赛或擅长弹钢琴是有意义的。

---

① 1摄氏度≈33.8华氏度。——译者注

- 即便要在经济上、舒适度或日程安排上做出巨大的个人牺牲，我们仍然愿意帮助我们的孩子实现这些目标。

我们想通过孩子的活动来达到什么目标？这个目标值得吗？我不是知道所有答案的专家，我是你的同行者、一位妈妈。但是考虑到我们准备在孩子的课外活动上花费的金钱和时间数以千/万计，也许这件事值得我们仔细考虑一下。以下是我已经确定的两个儿童活动指导原则。

原则一：我们不能通过孩子的表现获得自我价值感

在你踏上球场或者在演奏厅坐下来之前解决这个问题，这样对你自己和你的孩子都大有好处。我记忆中有一些画面是关于家长过于关注孩子表现的，这些家长似乎有两种类型。其中有位老兄是可悲的前橄榄球明星，喋喋不休地谈论他在20世纪80年代打四分卫时，在达拉斯牛仔队体育场的那一次比赛；我脑海中的另一幅画面是一位母亲，她小时候一直觉得自己不受欢迎，所以拖着她那个眼影过浓、兴趣不大的女儿，参加一场又一场的舞蹈表演。显而易见，案例中的这些人正通过他们孩子的成功来寻求自己的价值，这些父母中没有一个和我一样。

然后就该谈谈2018年的腰旗橄榄球队了。

如果你在字典里查"矮子里的巨人"这个词，你有可能会看到一张我儿子九岁时担任2018年青年会业余橄榄球联赛四分卫的照片。这张照片，我们有！我们有比赛的视频，我的两个儿子都得了

第六章　来自平衡的礼物：孩子最重要的不是成功，而是性格

多次触地得分（在同一支球队打球＝母亲的梦想）。在最后一节，我大儿子扔了一个长传给小儿子，小儿子跑进达阵区，拿到了斯马特家兄弟的触地得分。当时我竟然在青年会的停车场里哭了，这是我作为一位家长所体会过的最美妙的感觉。我们很高兴！我们成功了！人们和我们击掌庆祝，羡慕我们，向我们微笑点头。虽说只是区区业余腰旗橄榄球联赛，但我家孩子们很棒！他们很有天赋！他们中的某一个可能会成为下一个蒂姆·蒂博（Tim Tebow）[①]！我想要更多地体会那种感觉。

我隐约地感到这种心态可能不是那么健康，同时也隐约地预感到它在未来10年里可能无法持续。我咨询了一位有两个大一点的儿子的朋友："你是怎么保持心态健康的？"

他的话像砖头一样击中了我："我其实希望我儿子有时候输掉或搞砸比赛。我更希望这个过程能塑造他的性格，你不能通过一直赢得比赛来塑造出性格。"

你希望你儿子输？在众目睽睽之下输？你是超人吗？我对他所拥有的自由心态印象深刻，他没有被他儿子当守门员的表现束缚住，当守门员并不能证明他作为一个人的价值。也许他的儿子会做得很好，也许不会，这对他都没什么影响！那种超然的感觉相当吸引人。

同时震撼我的是，这种自由心态对我们的孩子来说是一种最

[①] 著名橄榄球运动员。——译者注

大的祝福。当他们尽了最大的努力时,我是否在他们赢的时候表现出比他们输的时候更多的兴奋?我是否向他们表露出成功是终极目标?我们必须摆正心态,孩子能看穿我们的话语、我们的失望和我们无条件的认可。相信我,我知道这是违反直觉的,可能需要很多的努力。如果你发现,你对孩子在某项比赛或项目的结果(或者更糟糕的是,对于他们在一些比赛或项目中的表现)显得过于情绪化,那就深呼吸,强迫自己镇静下来。我说的深呼吸,意思是真的走开去做几次深呼吸,让你自己冷静下来。你是家长,你是一切都没问题的稳定保证;你是那个提醒有些事情比成功和胜利更重要的人,提醒今天过后生活还会继续的人;你是成人。

原则二:在克服了孩子的成功就是你的成功的想法后,再进一步把你的注意力集中在这个事实上——最重要的不是成功,而是性格

不要因为这句话是无趣的陈词滥调而忽略它,再读一遍,你真的相信它吗?如果你确确实实是这样想的,那你是不是这样做的?我们选择的是否是轻松易行的活动?或者我们有没有问问自己下面这些问题:

- 什么样的爱好或运动可以培养孩子最需要的性格特征?
- 当我的孩子在球场或舞台上表现出色时,我应该对他说些什么?
- 当我的孩子在球场上或者舞台上表现不佳时,我应该对他说些什么?

第六章　来自平衡的礼物：孩子最重要的不是成功，而是性格

我的一个儿子对自己很苛刻，他对失败和错误的感受比我另外两个孩子更强烈。我想在合适的时机鼓励他，直到某个星期六，我终于想到了办法。我在乔氏商店的花廊里发现了一些有趣又鼓舞人心的贺卡。我挑了几张这样的卡片，准备在他每次比赛结束后就往他枕头上放一张。每次我都会写上同样的话："不管是输还是赢，妈妈都爱你！"有时候我们会对养育问题过于焦虑，但是千万不要轻视一张印有水彩猫头鹰图案的傻傻的卡片和一句简单的肯定的话语的力量（顺便说一下，我现在还有一张我妈妈在我申请大学时给我的卡片，在这张印有穿着护膝的羊的卡片上写着："妈妈为你祈福"）。所以，找到创造性的方法来提醒每个人最重要的事情吧。

我有个朋友，她有个10岁女儿唱起歌来就像惠特尼·休斯敦。我问她是否有兴趣把女儿送到各地去演唱以追求成功，她说："如果我真想的话，早就这么做了。我不想让她过那样的生活，我们会按照自己的节奏慢慢来，看看老天会怎么安排吧。"

这是怎样的信任、怎样的耐心啊！性格培养第一，不被胜利分心，这绝对是你的配偶、孩子、教练和其他家长的福气。下面是一些重视性格超过重视成功的具体办法。

当活动结束时，多谈论他们的性格和行为方式，少谈论他们的表现。不要只是说一些模糊的话语，比如"你表现很棒"（对孩子来说这相当于丈夫告诉妻子说"亲爱的，你每天都很漂亮"），而是体现在细节上："你在表演中摔倒时是什么感觉？我喜欢你重新站起

125

来的样子""我喜欢你因为詹姆斯整个赛季都没进球而为他加油的样子"。

在其他参赛者包括其他队伍表现良好时,为他们加油。我还在学着这样做。当对方队伍的一位家长为我们的队员欢呼"打得好"的时候,我印象非常深刻,就像看到了双重彩虹似的,你会觉得满心的温暖和愉悦。

热情地称赞其他家长。这可是一种声援和鼓励你的同道的清晰有力的方式啊,各位。我可以一字不差地记下这些年来其他家长对我孩子的赞美,它是那么强有力!

自由心态胜过输赢心态

第一次参加棒球锦标赛的时候,我惊呆了,那是个大场面。诚然,你要在那里待上差不多七个小时,有时候还要连续待好几天,你确实需要做好准备。但是那些冷却机、帐篷、草坪躺椅、带电池的风扇、蓝牙音箱,以及真人大小的九岁球员的立牌,还有那些爷爷、奶奶、小狗、冰沙机和热狗烤炉……我的天哪!人们尽心尽力参与其中。我还知道在舞蹈、游泳、排球、啦啦队、体操、戏剧等课外活动里都有类似的场景。如果你想让你的孩子(和你的家人)有一个全身心投入的爱好,你瞬间就能找到一个。

这就带来了问题。你有多坚定?你能坚持多久?你会支付多少钱?你会因此错过同学聚会、假期、生日、婚礼吗?你的孩子会不

第六章　来自平衡的礼物：孩子最重要的不是成功，而是性格

会倦怠？要如何做才能获得成功，它值得吗？

所有这些问题的答案我都不知道。我并非作为一个成年孩子的母亲，在与已获得或未获得排球奖学金的孩子一起解决了这些棘手问题之后才写这本书的。作为一名正纠结是否要给我八岁的儿子报名参加一个"夏季挑战棒球联赛"的家长，本周六我坐在帕尼罗面包店带着焦虑写这部分内容。这个联赛在周日举行，这是我们用来进行礼拜和家庭聚会的日子。我特意强调了"挑战"这个词，这样你就会注意到这是一个极具天赋的棒球运动员的联盟。我儿子必须加入球队，他也确实进了球队。尽管我有蜗牛般的运动能力，可我丈夫的基因在这里发挥了100%的作用。你可以确信，当我儿子在一场业余联盟比赛中投出第一个球时，我会格外大声地喊叫，好让周围的每个人都知道那个投手——他是我儿子，非常感谢。

你瞧，在竞技活动的早期，我没能很好地体会到这一点——拥有一个有天赋的孩子多么令人愉快。一开始我并不是很理解，但是现在我理解了。事实上，这几乎令人陶醉，这就是这位曾说过永远不会为了运动这样的蠢事而错过去教堂的妈妈，重新认真考虑运动这件事的原因。挑战队？只招收真正优秀的球员？好，我考虑一下。

在我们考虑要承诺什么的时候，有以下几个思路。

明智地选择你的活动项目。最近，当我对我们家即将一头扎进广阔的体育世界而感到忧虑时，我做了任何一个有自尊心的现代母

亲都会做的事情：在 Facebook 上寻求建议。我的一个朋友有五个儿子，他们都想做不同的事情。她知道，如果一一满足他们的愿望，那父母可能要被累死了，于是她设定了一个边界。除了常见的"每个孩子每个季节一项活动"的规则外，她还提供了更深层次的智慧：确定你想通过这项活动给你的孩子带去什么。再读一遍这句话，它是常识，可又是如此明智的建议。

比如，当时我想到，现阶段对我的两个孩子来说，打棒球是一种很好的学习人生经验的方式。但是对于每个孩子来说，它们是不同的课程。一个儿子需要学会在没轮到他说话的时候闭嘴，而且他还需要学会做计划和时间管理，并且及时把他的各种东西放到合适的地方。另一个儿子需要提升信心，他需要一项运动，在这项运动中，他的能力不会被其他兄弟姐妹或表兄弟姐妹所掩盖，而且他可以在这项运动中取得进步。对于这俩男孩来说，棒球可以满足不同的训练侧重点。我喜欢这种思考模式的转换，因为它同时也使我能专注于正确的事情。也许你会输掉几场比赛，那又怎样？你不是要努力赢得比赛，而是在学习服从教练的安排！

在这种情况下，我认为明智之举是始终关注你的家庭使命，在此基础上做出选择。运动服务于我们和我们的目标，而不是反过来。当一个机会出现时，它是否服务于我们作为一个家庭正在努力实现的目标？如果不是，那就让它远离，不管它有多么引人注目。是不是因为我们一直在游泳，就总是得参加游泳队的活动？游泳队又不是我们的老板，我们不需要因为我们一直在做某件事就必须做这件事。这个赛季你想为家人实现什么目标？什么有助于达成这个

第六章　来自平衡的礼物：孩子最重要的不是成功，而是性格

目标？

我的朋友赫德森是个天才运动员，当我听到他说出这些话的时候很吃惊："是啊，有时候我真希望自己这辈子没打过那么多的棒球。压力推动着我要'在大学里打棒球'，然后我就那么做了，之后就没有什么可梦想的了。我真希望有人帮我把目标定得更大一点。"

说实话，这次谈话对我来说是个转折点。这是一位理论上拥有了我们许多人希望孩子拥有的一切的人，他赢得了很多奖项和比赛，成功晋级，并且在一支优秀的大学球队（梦想中的梦想）里打球。他却说："那又如何呢？就这样了。"他甚至说："体育运动很好，他们确实能教会你重要的东西，但我希望我的孩子有更大的梦想。"

我们这些抚养有天赋的孩子的人应该警醒。我也不认为我的朋友是个异类，我问过几个成功的运动员，得到的回答都差不多："是的，它很有趣，但是棒球/橄榄球/体操/舞蹈的内容太多了，我不确定这是否真的值得。"我当然不是说运动不值得，它们当然值得！它们教给孩子们许多基本的技能，让孩子们大多以一种健康的方式来保持忙碌。但是，如果只成为一名业余运动员，到处去打打球，开心地玩，算不算一个足够的目标呢？

放松管制。老实说，对孩子们的机会说"不"，我会紧张不安。要是他们落后了怎么办呢？我希望他们成功。以下是我想讲的，这与我的信仰有关。不要认为如果不让孩子参加合适的运动/

团队／联盟／班级／比赛，就可能毁掉他们的未来，如果我们已经深信不疑地下了这样的结论的话，那更需要改变想法。有时这意味着我们要对那些看起来美好的机会说"不"，而我们相信"失之东隅，收之桑榆"。有时这又意味着，要对那些看似不同于我们计划的机会说"是"。

我不能保证只要我们对孩子做了正确的事情，他们接下来就会给每个人带来惊喜，赢得金牌，我倒是可以保证这没准儿不会发生。但是更深层次的原则仍然不变，如果我们不去做理论上我们"应该"做的每件事情，我们对孩子的期望还能变成现实吗？我相信能。

"如果我更进一步"，这不就是为人父母的精髓吗？我们不是应该尽最大努力做出明智的选择吗？我希望我有足够的勇气在孩子需要的时候，为他们的未来做出冒险的、不合常理的选择。我不想被那种"你必须做这件事或者其他什么事"的专制情绪压迫，这种情绪很容易侵入我的内心。

你和孩子都不能失去对失败的容忍

我不认为我在乎孩子在体育方面的失败，拜托，我做得比这更好，我可是正在写一本关于它的书。这么说吧，今年我的大儿子在腰旗橄榄球队打球，这是五六年级的联盟，但有些队忘记了他们的队员实际上已经上高中了，不小心也跟他们签了约，让他们跟我儿

第六章　来自平衡的礼物：孩子最重要的不是成功，而是性格

子打比赛，这让我儿子在球场上看起来就像是个缩微小精灵。

第一场比赛我们就彻底输了。"哦，好吧，"我们说，"他们一定是联盟中最好的球队。"下一个星期我们又惨败了，两连败。这就让人有点尴尬了。我们被左右夹击，似乎我们的旗帜轻轻一扯就会掉下来，而其他队的旗帜都黏住了一样。这是什么恶作剧吗？"嘿，踢得好的话，旗帜永远都不会掉，不过他们的旗帜会掉，哈哈哈！"感觉就是发生了这样的事。

我儿子球队的家长们都是我们的朋友——他们都是正直、成熟的成年人，比起孩子在业余腰旗橄榄球队的成功，他们更关心孩子个性的培养。设想中的是这样的，可现实中的却让人感觉很糟糕。偶尔输掉一些比赛没什么问题，就像是在赛后说的那样："嘿，我们打得很努力，只是最后他们稍稍领先。"可现在这种更像是在说："我们所有孩子在橄榄球上都很糟糕，但我们直到此刻才意识到这一点。"

我们以 7 : 71 输了一场比赛，至少我最后一次统计的时候是这个比分。有意思的是，那周我正计划写一篇完全相同主题的文章——允许你的孩子失败。眼看着你的孩子失败并不容易。之所以难，是因为我们深深地爱着他们，我们知道成功的感觉比失败的感觉更美妙；之所以难，还因为我们中的一小部分人喜欢拥有擅长做某些事情的孩子；之所以难，是因为没有人是在真空中失败的，人们会看到一些东西，想到一些东西（或者是我们想象他们会看到和想起一些东西）。

131

我这里的假设是我们本末倒置了。失败是一份礼物,不擅长做某事是一份礼物;和赢了相比,没能赢更是一份礼物。如果这是真的,而且我相信它是真的,这就意味着,对于我们全队人来说,这个让我们遭受了五场耻辱的失利、一场比赛都没有赢的橄榄球赛季,却比一个让我们到处赢得比赛的赛季更好。这意味着也许我应该把这些照片发布到 Facebook 上,并且夸耀说:"好消息!我们一连五场惨败!"

好吧,我才不会那么做。但我应该感谢那些失败,原因就是:失败塑造人格,失败激励我们努力工作,而且失败是生活中正常的组成部分。

孩子并非生来就是小神童、小超级明星或者高级大师,他们需要学习。他们搞砸事情、打翻东西、奔跑时绊倒、涂鸦又画掉、挥棒击球时挥空,发生这些是因为他们在学习!学习、成长、跌倒、爬起——这都是童年之舞的一部分。不应该一把孩子放上舞台,就期望他们表现完美。

然而我经常看到,孩子们和他们的父母失去了对失败的容忍,结果导致孩子们不知道如何处理失败,他们被失败击垮,承受着要把事情做到完美的压力,缺乏再次尝试的勇气。伦纳德·萨克斯(Leonard Sax)在他的《做恰到好处的父母》(*The Collapse of Parenting*)一书中写道:"脆弱已经成为美国儿童和青少年的特征,其程度是 25 年前无法想象的。"

我的朋友卡伦开了一家本杰瑞冰激凌店,雇了大量的高中生和

第六章 来自平衡的礼物：孩子最重要的不是成功，而是性格

大学生做店员。卡伦说，她现在和年轻人一起工作的主要挑战是他们无法面对失败。他们的人生中没有在小事情上失败的经验，因此无法应对可能出现的更大的失败。他们在安慰奖、保龄球和不计分的体育比赛中长大，失败不被计算在内，所以他们基本上认为如果他们真的失败天就塌了。因此卡伦指出："他们说谎，隐藏自己的不幸，或者更糟糕的是根本不去尝试。作为雇主，说实话，我更喜欢那些敢于主动出击或冒险的人，即使这意味着他们可能会把事情搞砸。"

父母不必如此害怕允许孩子失败。当我还是一名中学老师时，我曾目睹了一些好笑的例子：在整个讲解《金银岛》(*Treasure Island*) 这本书的课程中，有个学生全程都在睡觉。我说："好，你们的《金银岛》课程作业——'创造你的棋盘游戏'，两周内交上来！"这个学生交上来一个真人大小的金银岛夹层卷板游戏，上面用令人怀疑的完美字体写着复杂的问题。于是我问道："我猜一下，你妈妈帮忙了吗？一点点？"

她为什么要帮忙？因为"讨厌阅读先生"的母亲有对文学作业的未竟愿望？我认为与其说是这样，不如说是她不想看到自己的孩子失败。她本可以说："看来你有一个课题要做。如果你没有在某某日期完成大部分工作，那么你将失去你的这种那种权利。"但是她没有那样做。为什么？因为比起强制性的后果，制作一个真人大小的游戏卷板要容易得多。我理解这位妈妈，我完全赞同这种想法，卷板作业不管哪天交给我都行。但是从长远来看，我们这样做造成的伤害多于我们提供的帮助。

从某些方面来说，这并不是最好的例子，因为根据我对"讨厌阅读先生"的回忆，他并不十分在乎我的"金银岛"作业。但是如果它真的涉及孩子确实想要的东西呢？如果这意味着让他被球队开除呢？错过一场重要比赛呢？因为他没有履行诺言而不被允许去参加派对呢？我们能不能靠边站，让我们的孩子在需要的时候自己承担后果？

我10岁时，父母给我报名参加垒球联赛，比赛就在冰激凌摊旁边。我打垒球的时候非常不自然，非常讨厌这一切（除了赛后免费的蛋筒冰激凌）。很明显，我在垒球方面永远不可能做到很好，甚至连勉强还可以都做不到，所以我不打了，事情就这样结束了。除了垒球之外，我的槽点还有不少，比如，我在13岁时弄坏了一辆卡丁车，整个小学阶段我的书法和科学成绩都是C。值得注意的是，这些失败在我家根本不算什么，如果我们在某些事情上处于平均水平，那我的父母就不会对我们的失败过度震惊。

有时候，允许别人失败是一种很强的天赋。我们是否需要更坚定地保证，让我们的孩子们去尝试，去搞砸事情，去犯错，去承担后果，去把油漆弄在桌子上，往布朗尼蛋糕里加太多面粉，去成为游泳池里最慢的孩子，甚至偶尔在历史考试中得个D？也许我们这些成就斐然的家长（参见"直升机家长"）需要冷静一下，重新调整一下目标：拒绝完美，悦纳够好。也许这意味着我们的孩子需要更多的机会去尝试和失败，他们需要深信自己会以本来的样子被接受，而不是需要更多的课程、更多的辅导、更多的私教课程或者全明星球队。具有讽刺意味的是，正是这种平静的陪伴才可能营造出发展真正卓越品质的环境——就是我们最初所希望的那种卓越。

该如何允许孩子失败呢？给他们机会来拓展自己，不要怕他们打翻东西、弄坏东西、输掉比赛或者考试不及格，允许他们承认发生的事情，以优雅的态度回应他们，然后允许他们再试一次。

第七章

来自毅力的礼物：让孩子努力的最好方式

我有一个让我从方方面面都产生"妈妈式羡慕嫉妒恨"的朋友,她和孩子总是在做我一直想和我孩子一起做的事情。某一天她说:"泰特斯每天帮邻居遛狗,他一周能挣 40 美元!他很骄傲地把钱存入银行,后来我们还投资了一些到'股票仓'(一个入门级低风险的股票市场应用程序)里。"

接下来的一周,我都在揣摩这个问题。"嘿,孩子们,"我说,"你们知道泰特斯遛狗一周能挣 40 美元吗?你们知道如果他想要什么东西,他就有钱去买吗?你们觉得怎么样,伙计们?"

一个儿子说:"妈妈,那太棒了!如果我有自己的钱,我会去杂货店买八个芒果,然后一个人把它们全吃光。"另一个儿子说:"我会买一头电动公牛来骑。"这些特别的愿景在他们的脑海中飞舞,没过多久他们就设想出了自己的微创企业。在"一点点"(好吧,其实很多)帮助下,他们设计并打印了我们准备放进邮箱的传单。

传单上是这样声称的:两个负责任的男孩找零工。我亲手在上面加了"负责任"一词,我对此感到有点愧疚,但也不是那么愧

第七章 来自毅力的礼物：让孩子努力的最好方式

疚，因为我知道，我会在他们工作期间让我自己的责任感爆满，以确保没有宠物或室内植物在斯马特家孩子的看管下死掉。

我们都满怀期待地等待着第一批顾客。终于，有两家邻居要出城，需要有人照看他们的宠物。这太简单了，孩子们幻想着如何花掉他们的收入，迫不及待地想得到更多的工作。这太容易了！太好玩了！工作真是太棒了！

然后工作真正开始了。这两家希望我们在度假期间照看他们的狗：胡椒、咸菜和蒂娜。蒂娜耍了一个吓人的把戏，它"微笑"了一下，看起来像要用它那小犬牙狠狠地撕咬你一样。

职责相当简单，给它们喝水，给它们喂食，让它们出去撒尿，更换粘贴式绷带，在爪子流血的伤口上绑上袜子（好吧，这部分没那么简单）。开始几次我和孩子们一起做，后来我发现他们有能力独自完成。

一切都很顺利，直到胡椒的"爸爸"（也就是我的姐夫）回家来。几分钟后，我儿子走进门，小脸通红，泪眼婆娑，几乎无法控制泪水。

"妈妈，约翰叔叔说他回家的时候，他家的灯都亮着，后门也大开着。他很不高兴。"

（中间穿插了一段15分钟长的无聊谈话，谈了门是怎么开着的，是谁的错之类的。）这时候，我开始有了起初那个模糊的想法：也许我的孩子对工作不太负责任。我们讲了一些鼓舞士气的话，然后向约翰叔叔道了歉。

由于这次令人遗憾的疏忽,我们所有人都有些懊恼,我们前往另外那个客户家查看咸菜和蒂娜。我和孩子们说我会站在那里什么也不做,只在旁边看着,确保每件事都做对了。我真是打算这么做的,但事情很快就变得棘手起来。

咸菜不愿意出去尿尿,而且它重约 120 磅;蒂娜什么都不愿意做,只想坐在沙发上对着"入侵者"(临时的宠物保姆)狂吠。我心软的二儿子不忍心让它错过晚餐,所以他把狗食拿到沙发上,放在蒂娜身边,狗食立即溢到沙发的裂缝和缝隙里去了。为了让蒂娜出去上厕所,我们做了各种尝试,但都没有成功。我没想到狗可以用最大音量连续吠叫 20 分钟,但显然它们可以。我们最终放弃了挪动蒂娜的想法,决定晚点再来。

孩子们告诉我说事情他们已经做完了。各位,你们不会相信接下来发生的事:我的两个"有责任心"的儿子认为他们已经彻底完成了他们的工作,大敞着人家的后门离开了。

又一栋房子,又一扇门敞开着,真的就在相同的错误发生后不到一个小时的时间里(附:"附近有人需要照看宠物吗?我们有时间")!就在这时,我丈夫过来看事情进展如何。我们带孩子们回到咸菜和吠叫不止的蒂娜家的房子里,"嘿,伙计们,你们忘了件事。你们忘记什么了?"他们花了很长很长时间才反应过来。等到他们真的意识到自己的错误后,当然感觉很糟糕。我们默默地回到家,男孩子们在车库里闷闷不乐地徘徊,很内疚。我和我丈夫一屁股坐在沙发上，面面相觑。我说："我们干得太糟糕了。"他笑着，是那种表面假装在笑、内心却很担忧的笑容（他是第九型人格，经常这样做）。

"我们到底为什么会这么失败？我们养育的孩子是不是全都粗心大意？他们长大后会不会找不到好工作？太可怕了！"

也许你家孩子从来没有连续敲开过两个宠物看护家庭的大门，但我猜你也许有过因为需要吸取教训却不自知而感到震惊、尴尬和沮丧的时刻。我总是惊讶于为人父母的工作是如此繁重，毕竟孩子们不会自己养育自己。好吧，也许有些孩子会。如果你有这样的孩子，那你太招恨了，这部分我们就忽略掉你了。

对于我们其余的大部分人来说，我们正在修读"人员培训和质量控制"的硕士学位，辅修"儿童心理学和耐心"的双学位。说到培养孩子们的责任感，我想到一些事。

这一切都非常值得，这也是我们为人父母的主要原因之一。这些时刻不是对这项重要工作的干扰，它们本身就是重要的工作。在我意识到第二扇后门被不小心大开着的时候，我并没有立即想："哇！多好的机会啊！责任感正是我想教给孩子们的主要内容之一，而这就是个理想的情景啊，好哇！"事实上我当时的第一反应是恼火，我需要为晚餐腌鸡肉，车库里一团糟，洗碗机里还有盘子要收起来。因为脑子里还有那么多其他的事情，导致我们很难看清这些机会到底是什么。但我们选择了养育孩子，我们希望有机会培养孩子的心灵和思想，以便他们长大后能够面对这个世界。这是我们的主要使命。这比鸡肉、车库或盘子都重要。重构这些挫折,看清它们的本质,这可以帮助我们认识到,对于抚养孩子这种最有价值的工作,它们就是我们理想的训练机会。

这意味着我们要做艰苦的育儿工作。首先,我们让孩子们坐下来,说了一些听起来像是我们父母曾经说过的话(但我确信我们说得比他们要好得多),我们主要想给孩子们留下的深刻印象是:小事很重要。我有个孩子为了赶快去做下一件(更有趣的)事情,干什么都很匆忙。我们谈到小细节有多么重要,谈到照顾别人的房子或财产是多么巨大的责任。我们谈到这是学会这些的绝佳时机,因为如果爸爸把公司办公室的大门敞开会怎么样?他可能会被炒鱿鱼!我让孩子们写了一个检查清单,上面列出他们在下次离开所看护宠物的房子前需要做的所有事情。

那天深夜,儿子把我叫到楼上,含泪说:"妈妈,我不想再做宠物照看公司了,搞砸的时候太难受了。"遵循为人父母的首要职责,我没有讲大道理,而是和他聊起我自己的宠物保姆公司,聊到有一次我怎么照顾一只名叫莫里斯的猫咪,它每天都需要把一颗药丸塞进喉咙里。聊这些让他振作了起来,我告诉他:"孩子,现在当宠物保姆的时候吸取教训,比你以后长大了没有责任心要好得多。现在是学习的最佳时机。"

对我们的孩子来说,工作态度本身是极其重要的。不是因为它是一种达到目的的手段,而是因为我们通过工作获得快乐。本·萨斯说:"一个健康的成年人的特征是学会在工作中找到自由,而不是把自由从工作中抽离出来,即使工作很痛苦也是如此。"自律为他们提供了实现梦想的能力。在《深度工作》(*Deep Work*)一书中,卡尔·纽波特(Cal Newport)提出的一个观点是,如今专注于工作的人是如此罕见,因此如果你是少数能专注于紧张工作的人之一,你就会非常成功。

当你和你的孩子谈论工作时,不要低估分享你自己的故事带来的力量。分享你自己的故事会让你善解人意、真实可信,并且把原则带进生活中。当我告诉孩子们,他们的爸爸有时不喜欢上班,还有如果他工作做得不好就会被炒鱿鱼时,你真该看看孩子们脸上那目瞪口呆的表情。这是我在孩子面前夸张渲染出来的结果。我可能会说:"将来有一天你会有工作,如果你工作做得不好,那你可能不得不回家告诉你的孩子,'很抱歉,我们没钱买食物'。"是,我说得太夸张了,但是,这难道不是真的吗?我们的目标是培养努力工作的毅力,即使工作并不好玩。

最后,也许让你的孩子努力工作的最好方法之一就是让他们为别人工作。这样一来,一切都显得更加正式,也减轻了你当他们老板的负担。他们越快找到一份真正的工作越好。给聪明人的忠告:也许刚开始几次,你可以跟在他们后面,以防万一。

强大的精神毅力,让孩子走得更远

我们的孩子不仅需要体能方面的毅力和工作的责任感,还需要拓展大脑功能去做些困难的事情。这对他们和我们来说无疑都需要付出很大努力。

几年前一个在家上学日的早晨，我的侄女来到我家。那时她大约五岁，她坐在教室的桌子旁，整整 30 分钟都在给一幅独角兽的画涂色。她伸着舌头，皱着眉头，把画中彩虹的每一个小部分都涂成不同的颜色，当蜡笔尖端变钝时，她就剥掉一截包装纸。等她涂完的时候，我目瞪口呆地看着她完成的作品，涂得太好了！

我很吃惊。我女儿年龄稍微小一点，我让她坐下来涂色时，她涂了 37 秒就牢骚满腹地瘫倒在桌子上，就好像她的上肢已经到了疲劳的极限。这真是一场精彩的表演，说实话也相当有说服力。但是当我看到我的小侄女如此努力地涂她的画时，我能想到她在练习涂色上花了多少时间。我突然想：也许我对自己女儿的督促还不够，也许需要培养她的工作态度。

一晃两年过去，我们已经做了大量的工作（饱含"抱怨""哭泣"和"父母的折磨"）。没错，这对我们每个人来说都很痛苦。但是作为回馈，我女儿现在可以专注于一些事了。哦，她还是会时不时地抱怨（特别是当她又饿又累的时候），不过我在帮助她学习如何集中注意力。尽管我感觉这么说有点自吹自擂，但是话又说回来，我也应该为此感到骄傲。这有点像 Facebook 上的帖子，里面有个人穿着大四码的牛仔裤、扯着裤腰站在那里，你知道他午餐吃三文鱼和紫甘蓝沙拉，在健身房做了很多运动，我们都为那个人感到高兴。就像这事一样，只不过我们庆祝的不是健康上的胜利，而

第七章 来自毅力的礼物：让孩子努力的最好方式

是精神上的胜利，这是有价值的。我和我女儿都为此付出了很多努力，现在当我看到她跪坐在桌旁——鼻子皱成一团，胖乎乎的小手指握着彩色铅笔——我知道我看到的是我们共同努力的成果。

专注力不像视力，我们的视力不会变得更好，但我们的专注力可以提高。帮助孩子集中注意力思考，这是我们能给予他们的最好礼物之一。但是培养工作态度是一个痛苦的折磨人的过程，而且别无选择。

就拿去年夏天我丈夫让人在我家车道上卸下一堆覆土这件事来说吧。一天早上，我女儿跑过来喊我："妈妈！有人在我们的车道上，他们正在倾倒好多泥土，都快堆到我们家房顶那么高了！"果真，有园艺工人正往车道上倾倒覆土。我不擅长空间估算，但我敢用我的晚餐打赌，他们倾倒的覆土多到足够给一个小区做景观美化，关键是他们还把卡车开走了。

"对，我想儿子们可以把所有的覆土铺满我们的院子。"我丈夫说道。他告诉他们等那堆土消失的时候，他将支付每个人50美元。50美元！我想，他们赚大发了（当事情结束的时候，我们才是赚大发了的人，因为平均每小时只付大约5美分）！

我走出去盯着那至少有17英尺高的土堆，然后看着我8岁和10岁的儿子说："孩子们，你们要把这些覆土铺开。"事实上我们花了整整三个星期一点一点地把这一堆覆土铲走，我没有夸大其词。我说"我们"，意思是我是负责吆喝别人铲覆土的人，而且，我觉得这可比铲走覆土困难多了。我原以为这堆东西永远不会消失了，

145

因为某些早上起来，我发誓一定有人在晚上偷偷地倒了更多的覆土在那里。啊，多么了不起的工作啊！

培养孩子的精神毅力也是如此，这是一项吃力不讨好、汗流浃背、坚韧不拔、似乎永无止境的工作。但这是我们给孩子的一份颠覆性的礼物，因为我们帮助他们实现梦想。

当我站在我的三年级学生身边，（又一次）写着 d、b 和 p，逐一给他们讲解时，我想到，总有一天他们可能会在法庭上、在董事会会议室里、在建筑师或者作家的办公桌旁（我可以梦想）。学会了写字，他们通往梦想的道路就更平坦了。

也许我的一个孩子想成为企业家，因为他学会了做成本估算、需求描述、用书面和口头语言表达意愿等脑力劳动，所以他会有能力达成这个目标。是我帮他做到了这一点。

我希望我的孩子能成为他们想成为的任何人。我不希望他们缺乏阅读和写作技能，或者数学不好，或者运动能力差或者其他什么——我不希望任何事情妨碍他们实现梦想。

有人为我做过这些事，你能读到这些文字是因为我学会了思考。当我坐在咖啡馆里打字的时候，我正在努力集中注意力，因为要把想法转换成语句、章节以及一本主题鲜明的书是很有挑战性的。但是我正在这么做，并且在这个过程中实现了我的梦想。我做这些事，是因为我的父母帮助我学会了思考。

这是帮助你的孩子实现他们梦想的办法：你所做的相当于让他

们"撒播完另一堆覆土",即使他们累了想要放弃。你一直努力,你鼓励他们:"哇,小伙子们!瞧瞧你推着独轮手推车多有劲儿!"或者"看看你!你写了整篇论文,用了所有这些专业词汇。我真不敢相信!"不要允许他们放弃,你把他们从舒适区里推出来一点点。但必须要指出的是,每个孩子的舒适区都是不同的。

这里有一些实用的方法,可以帮助你的孩子增强心理力量。

让他们记住那些看起来"太难"的东西。让他们学一门语言、背诵赞美诗、学习诗歌。他们不需要完全理解,只是要拉伸他们的心理"肌肉",打好基础,他们可以等以后再去理解这些内容。

让他们去阅读那些他们可能不会自然而然地拿起来读的好书。我原本以为自己永远不会去阅读《杀死一只知更鸟》(To Kill a Mockingbird),但多亏了八年级的英文课,我获得了一本新的爱书。我有个儿子强烈抗拒阅读《天才神秘会社》(Mysterious Benedict Society),但一周后他满足地惊叹道:"这是我读过的最好的书。"

帮助他们学会集中注意力。本·萨斯说,他们一家人会互相挑战,让对方在关闭智能手机、电视或电脑的情况下阅读60分钟。我喜欢他把大人也包括在内的做法,因为孩子从我们的行为中学到的东西,和从我们的言语中学到的一样多。我们都应该继续锻炼自己的毅力和专注力。

其实,孩子们很享受这种挑战。挑战不要太难或太多,否则只对你有利,对他们不利,合理的适当挑战会让孩子们大放异彩。推动他们一下,让他们体会到脑力劳动的痛苦。当一大堆"覆土"看起来似乎始终没有变化的时候，坚持下去。总有一天，你会检阅着已完成的工作说："哇！这太难了，但是我们做到了！"

拥有自控力的孩子，未来更可期

2013 年的一项研究发现，有一项童年特征对于预测人生的成功至关重要。不是财富、智力、种族，也不是社会经济状况，你知道是什么吗？答案是自控力。跟踪调查显示，拥有这种能力的孩子大都获得了事业上的成就和成功，并拥有更好的健康状况和经济状况。这值得深思。

作为家长，我曾经很少考虑自控力的重要性。我关注那些重要的事情，比如善良、清理掉自己所有的垃圾、尊重他人、诚实正直。自控力像是晚餐的调味品，就像一小碟可以加到汉堡里的番茄酱——它当然重要，但没有它你也可以生活。

但显然，事实并非如此。如果你仔细想想，你会发现这是有道理的，因为自控力是让你做（或不做）其他所有重要事情的根源。

最近，我和我丈夫对我们在家里看到的一些行为感到束手无策。将来有一天，我们的孩子可能会读到这本书，所以我不会说出具体的名字和细节，我只能说，他们都非常棒，可也都非常顽皮，我想这已经足够了。最近这个事例的基本要点是，我们看到了一些不友善、苦恼和愤怒。我们已经试过所有我们知道的方法，但是似乎都没有任何效果。花费 200 美元去做心理咨询好像也挺无趣，但

第七章 来自毅力的礼物：让孩子努力的最好方式

最后我想，也许心理咨询师能给我们一些可以实施的建议，大大地改变局面。事实证明我是对的。我还以为他会把我们所有人都叫来，对我们进行精神分析，告诉我们都患有哪些精神障碍，也许还会做一两次脑部扫描。

想象一下，当他问我"你们用过贴纸表吗"时我的惊讶吧。我疑惑地看了我丈夫一眼，用眼神和他说：跟我们想的一样！浪费了200美元！这位（非常明智的）咨询师接着解释说，尽管我们看到的是自己不喜欢的行为（不友善和愤怒），但我们的孩子真正需要的是自控力。归根结底，愤怒难道不是一个自我控制的问题吗？因此，他继续说道，帮助我们的孩子培养他们在沮丧时不发怒的能力，对他们来说将是一份极好的礼物。接着他介绍了他推荐的奖励系统的要点。这是一种漂亮的幼儿奖励贴纸表，用它让孩子们每天都有时间去赚到或者努力获得一定的奖励。

整个事情听起来非常简单，老实说，和我期待的脑部扫描和诊断相比，简单得有点令人失望，我以为我们家已经远远超出了贴纸表的有效作用范围。毕竟，在早餐、午餐和晚餐后给他们贴纸，就真的会改变他们的性格吗？这真的有用吗？"哦，是的，有用！"他说，"你是在向你的孩子们展示，他们不必被自己的冲动、临时想法和情绪所控制。你是在告诉他们，他们可以控制自己的行为。这样的习惯会产生终生的影响。"

我不想说谎，我不得不动用大量的脑力，将这些原则运用到我们家的具体事务中，想出所有那些我们一直定期无偿发放的奖励，然后用"筹码"来估价（我用来上数学课的塑料小方块现在被用于新的行为系统）。但是回报很美妙，我立刻明白"奖励系统咨询师先生"有一套。

我们教孩子如何培养自控力时，我们真正在做的是给他们一个实现梦想所需的关键工具。你可能会说"哦，你太夸张了，杰西卡"，我真的夸张吗？你上一个梦想是什么？不努力就奇迹般地实现了吗？除非你的梦想是中彩票，否则我猜这不可能。

我打这些字的时候觉得累了，我的身体想要吃午饭，想闭上眼睛歇一会儿，然后出去散散步，我的身体不想打字。但你难道不为我在某种程度上学会了自控力，因此你才有眼前的这一章可读而高兴吗（在此特别感谢我的爸妈）？

如果你对我在咨询师的建议下开发的这套贴纸奖励系统感兴趣的话，那我将与你分享一些成功的要点。我要提醒你，一开始设置的时候你可能会觉得很复杂。我花了几个星期的时间来设想，又花了几天的时间来落实这些问题。但是现在我们实行了两个月，它让我们全家的运行更顺利。这些努力都是值得的。

第一步：选择一两个你希望解决的孩子的具体行为，然后尝试暂时忽略其他问题。不要试图一次性解决所有问题，要让我们的目标可以实现，并且可以衡量。这是一些目标示例：对你妹妹好一点、尊重父母、不打人、不和父母顶嘴。

第二步：把一天分成三到四个时间段。我们是分成早餐后、午餐后和晚餐后。你的分法可以是上学前、放学后和晚饭后，你可以

第七章　来自毅力的礼物：让孩子努力的最好方式

选择合适的方式。这个设置的初衷是，他们可能会失去一个时段的筹码，但不用担心，他们可以再开始赚下一个时间段的。

第三步：每个孩子每天可能得到当天所有的筹码。例如，我的孩子每人有六个筹码，每个时间段他们可以获得两个筹码。如果他们在一个时段内实现了两个目标，那么他们就可以把两个筹码放进他们的碗里（我用数学塑料小方块，你可以用扑克筹码或者宾果记号笔，或者其他任何东西）。

第四步：确定筹码的价值。这对我来说是最具挑战性的一步，我定了多少筹码可以换取一个电视节目、一块糖、一个电影之夜、一次和爸爸的约会或者五美元。孩子们可以选择他们的奖品，他们想怎么花筹码就怎么花。你定了价，即使一周后又不得不调整也没关系。而且在这个系统运作之前，有些东西可能是"免费的"，但是我的孩子们从来没有抱怨过这个改变，好像他们喜欢有东西可以为之努力的感觉。

拥有被拒绝的勇气，孩子更强大

养育一个女婴和养育一个男婴是完全不同的。我们女儿出生的时候，她的哭声甚至都和我之前的两个儿子不一样。从在医院的第一天起，她小小的哭声听起来就更高更轻，甚至似乎更可爱（但不要误会我的意思，这仍然是一种难以应付的哭声）。我不知道这是因为她是我的第三个孩子，还是因为我之前流产过两次，或者因为那次我预先服用了产后药物，所以比起她的兄弟们，我更享受她的整个童年。我意识到在我和儿子们度过的宝贵的第一年时光里，我错过了多少。她是我梦想中的孩子，我的小太阳：她会摆姿势拍照，就好像这是她的工作一样；她喜欢蝴蝶结，从不把它们扯下来；她会大笑，会微笑，会咕咕叫，会咿咿呀呀。哦，没有哪个孩子比她更受宠爱。她的哥哥们都喜爱她，叔叔阿姨们都宠爱她，在商场闲逛的顾客会停下来对她赞不绝口。作为我们家的第一个女孩，她所拥有或使用的一切都是崭新的，而且当然是粉色的。世界对这一缕甜美的阳光微笑，她也回以微笑。

然后终于有一天，我不得不告诉她说不行。

第一次说"不"时我们正在吃晚饭，我记得吃的是懒人汉堡。懒人汉堡的口碑确实不好，但我做的味道很好。可是这个小宝宝不喜欢懒人汉堡，她的哥哥们乖乖地吃完了他们的那份汉堡以及炒胡萝卜，然后开始吃肉桂饼干。哦，天哪，她想吃饼干！我可不打算把饼干作为婴儿的晚餐主食，即使是可爱的小太阳也不行。就这样，我们在晚餐时间进行了一场盛况空前的对决。如果这不是发生在某个令人精疲力竭的星期四漫长一天的结尾的话，可能还蛮有趣的。她简直不敢相信，自己竟然要不到那块饼干。她试图运用她所有的才能表达她想要饼干。为什么我不给她？她想要！是我没听懂吗？我想这是她第一次开始意识到，她可能得不到她想要的东西，这简直让她大吃一惊，这在她短暂的生命历程中还从来没有发生过。她一直愤怒地看着我，好像在说：你不明白吗？我不想吃这糟糕的晚饭，我想吃那块饼干，难道我表达得还不够清楚吗？

第七章 来自毅力的礼物:让孩子努力的最好方式

从那次懒人汉堡对决到现在已经五年了,老实告诉你,每当她被拒绝的时候,我们仍然面临着残留的愤怒,我们还在努力解决这个问题。有时候我拒绝她也并不是因为别的什么原因,也不是什么残忍,只是为了确保我们"说不"的肌肉不会萎缩(包括我的和她的)。我给你举个例子。

今天我们去参加文艺复兴节郊游,这个文艺复兴节基本上类似于迪士尼乐园和中世纪时期的结合。那里有骑士以及仙女之类的感官超负荷刺激,而且每样东西的价格大约比它应有的价格高五倍,一家人可以合理地花掉 300 美元,眼睛都不眨一下,而得到的只是一些大批量生产的"中世纪武器"和你吃掉的火鸡腿上的骨头。我尽量不当彻底的守财奴,所以我们到处尝试了一些东西。我让儿子们体验了扔斧子,现在看来是个糟糕的决定。得,可爱的小太阳不明白为什么她不能也扔斧子。她绝望地环顾四周,她能做什么呢?啊,仙女石!她想要仙女石,现在就要(呜呜,呜呜,呜呜呜呜)!我的第一反应是止住势头,比如说安抚她,让她停止在公众场合发脾气。

于是,我问了自己一个问题:她现在更需要的是什么?是仙女石还是体验一下得不到她想要的东西的感觉?我温柔地拉着她的手,朝着没有仙女石的地方走去。我为什么要这么做?何苦要剥夺能给这个孩子带来快乐的东西?

说"不"是给孩子的礼物。对,看起来不像,但事实上是。原因如下:

对孩子说"不"可以帮助他们成为世界的礼物。被宠坏的孩子对任何人来说都不是礼物。如果我们养育的是懂得感恩、充满勇气、不易脆弱的孩子，他们长大后会成为一个能做艰难事情的人。不仅仅是登山运动或诸如此类的，更是那些让世界变得更美好的艰难的事情，比如忍受训练营，比如为自由而战，比如照顾年迈的父母，比如在激情褪去的时候维持婚姻。

听到"不"使孩子变得更强大。是的，确实如此。当我们拒绝一个即时的免费赠品时，我们就有机会教会孩子为他们想要的而努力，从而使他们变得更加强大，就有机会给予他们终生的力量去获得更多。如果你的孩子用自己辛苦挣来的钱买东西，你肯定知道我在说什么。这是一个更强大、更珍贵、更体贴的付费礼物。有时候我们说"不"，是为了帮助他们努力走向最终的肯定。

我知道你明白，没人希望自己的孩子是个懦弱的被宠坏的顽童，这不是任何人的本意。之所以发生这种事情，是因为好心的父母为他们的孩子不能拥有某些东西而感到难过。这意味着，为了培养孩子的毅力和自控力，我们都需要体验更多拒绝孩子时的那种糟糕感觉。虽然这看起来有点违反直觉，但这恰恰是你做得最好的地方。为你孩子生你的气而欢呼三声吧！

第八章

来自礼貌和善良的礼物：
心存善意，
才是人间理想

童年是一座花园：让孩子做回孩子

去年夏天，我的两个儿子——一个九岁，一个七岁，在本地的一支棒球队打球。有几个大人特别友好，愿意经常花时间和孩子们聊天。场面往往是这样的：

非常友善的大人：你好！你昨天有比赛吗？
我孩子：有（低头看着地上一些不知道是什么的东西）。
非常友善的大人：哦，真棒！打得怎么样？
我孩子：还行。
（走开了。）

我的天啊！这让我汗颜。这是谁家的孩子？因为他们通常都是讨人喜欢又有礼貌的年轻人（我是说通常），我期望他们本能地知道要对大人有礼貌。但事实并非如此，现在拥有这项技能的孩子基本上凤毛麟角。

对我来说，没有什么比与成年人礼貌地交谈更能说明全明星孩子的品质了。然而找到一个有礼貌的孩子通常是种挑战，似乎他们正变得日益稀有。我可以推测，这是因为现代人类花了太少时间在同类面孔上，却花了太多时间在屏幕上的缘故。不过关于这一点，

第八章　来自礼貌和善良的礼物：心存善意，才是人间理想

我想我已经谈得够多了。

一言以蔽之，看着别人的眼睛、为别人开门、用完整的句子回答、问候别人近况、对别人微笑——这些技能对孩子来说都是至关重要的。它教会了他们两件事：

- 不要以自我为中心；
- 礼貌本质上是一种善待他人的方式。

孩子们并非天生就懂得基本的礼仪，你必须教会他们。这里有五条也许你认为你的孩子知道但实际上他们并不知道的、最重要的礼仪规则：

- 如果你正在穿过一道门，停下来，为你身后的人扶住门；
- 和别人说话的时候看着他们的眼睛；
- 不要说"嗯"，使用"是的，请"或"不，谢谢你"这些词；
- 称呼成年人时使用"先生""夫人"或"小姐"；
- 进家门的时候，在门口脱鞋。

你可能会说，当你的孩子回避与成人交谈或只给出一个字的答案时，他们是因为害羞。我不怀疑有些人很害羞，不愿意和别人交谈。但我也要说，我们已经允许这种情况太多次了，却没有指出他们的行为到底是什么或者可能是什么，这在本质上就是无礼的。

我是这样向我的孩子们解释的，当一个人花时间和精力叫你的名字、问你一些好的事情时，这个人就是在给予你一份礼物，他们从自己那里拿了一些东西（时间、努力、精力）给你。当别人给我

们礼物时，我们应该如何回应？我们应该说谢谢！

而我们对这位友好的大人表示感谢的一种方式是做到以下几件事：

- 看着对方的眼睛；
- 回答"是的，女士/先生"或"不是的，女士/先生"（在我们这里，我们是这么说的）；
- 回答时加一个额外的描述性句子。

是的，这些就是我跟孩子们说的话。我只需要解释一下，我可爱的小孩们一下子就明白了，并立即付诸行动！你觉得怎么样？

开玩笑的，事情不是那样的。事情其实是这样的：我哄着他们想出了一个奖励制度。

首先，我们来谈谈奖励制度。有人说不应该给孩子提供奖励，但我不同意。我是个成年人，我自己都喜欢奖励。不久前，我在冰箱上贴了一张上面有笑脸贴纸的图表。如果我连续六周每周锻炼五天（挣得每天的贴纸），我就去一个非常特别的地方吃晚餐。或者，到了那天完成工作后，我就可以和我丈夫一起在奈飞（Netflix）上看影视剧。我们成年人能体验到激励，那是我们努力工作的自然结果或人为的回馈，那么为什么我们的孩子不能呢？

回到礼貌奖励制度。我和孩子们讨论了为什么礼貌很重要，怎样才是真正的友善。我们想到帕里什先生白天有多忙，所以他能停下来和我们聊天是多么好啊。我们把注意力从自己身上转移开，不再关注说话带来的不安,而把注意力放在一个体贴的人身上。

我们讨论了和成年人交谈的三个步骤(在前面提到过),然后进行练习。我们轮流扮演成年人,这里做对了,那里做错了,直到我们对整个过程都烂熟于心,然后我引入了激励机制。无论何时,如果在公共场合,我听到他们做了前面三件事,他们就会得到一张贴纸。20张贴纸可以换来一盒棒球卡或者一个乐高小惊喜包。重点是,这两样东西都很小,是摆在结账柜台旁边、价格不到5美元的商品,是我孩子们通常会乞求要买、但除非某天奶奶来访否则没有希望得到的东西。这个系统给我们提供了一个计划。

如果你不喜欢我的奖品,那就想出你自己的。不一定非得是金钱奖励,也许是你在晚餐时做一道大菜,装在一个红色的盘子里,发表一段关于"一日礼貌家庭成员"的讲话来给予一个孩子荣誉。虽然这听起来很蹩脚,但我敢打赌他们在整个过程中都会笑容满面。无论怎么做,你都要想出一些办法来奖励你的小家伙们,因为他们保护了"濒临灭绝"的礼仪。

孩子如何看待自己,取决于你对待孩子的方式

在我生下第一个孩子后不久,我回到我妈妈家。我的儿子大约一个月大,那天非常难安抚。我嘘他、摇他、晃他,徒劳地想让他睡着,我简直受不了了。"妈妈!"我大声说,"他真是个挑剔的宝宝。他到底怎么回事?他今天这么暴躁,这么挑剔,简直糟透了。"

她瞪大眼睛看着我："杰西卡！他能听见你说话，别那样说话。"

我茫然地看着她，这个女人疯了吗？宝宝还不到四周大！我的意思是，我预感他很聪明，但是我很确定他听不懂我说的话。我是否在他身边抱怨到底有什么重要的？

现在已经过去 10 年了，我已经学会了预料（并且尊重）我妈妈的反应。她坚信孩子们——包括婴儿——能听懂的东西比我们认为的要多。

直到今天，如果我打电话向她询问（抱怨）关于我某个孩子的问题，我知道她说的第一句话会是"杰西卡，他/她现在听不到你说话，对吧？"在我发泄之前我必须向她发誓，孩子们听不到。

我得承认，她的信念在我身上留下了痕迹。虽然我自己也不是做得很好，但当我在公共场合听到以下这样的话时会很困扰。孩子可能只有几个月大，也可能马上就要上中学了，即使孩子们可能听得见，妈妈们也会说：

"她今天很烦躁，我不知道她有什么问题。"
"她每天晚上都会醒来，不停地尖叫。"
"她睡眠很不好。"
"哦，他太害羞了，他是我家最安静的那个。"
"她今天在塔吉特百货大发脾气，太淘气了！"
"他总是咬人！他是一个咬人精。"

第八章　来自礼貌和善良的礼物：心存善意，才是人间理想

"她不善于分享。"

"我受够了这些孩子，他们今天都很糟糕。"

说实话，我敢肯定，我也在孩子们听得到的地方说过类似的话。有些日子、有些问题就是令人沮丧。有时候，碰到另一个富有同情心的成年人，你会打开一扇闸门，尽情地宣泄一整天的情绪。我懂，但是我同时也认为，我们（包括我自己）需要记得言语是多么有力量。

我还记得七年级的时候，有个女孩告诉我"你总是微笑，我要称呼你'笑笑'"；我还记得我四年级的老师过来评论我用草书写出了一个多么漂亮的字母 N（真实故事：我等了她一整年，都没等到她再称赞我的另一个字母。哼！）；我仍然记得我爸爸告诉我，我有一种与房间里的每个人都能聊的本领。我记得所有这些话，我吸收了它们，变成了它们所说的那样。言语是有力量的，尤其当它来自我们敬仰、爱戴的大人时，就更是如此。

家长们，相信我。我知道抚养小孩有多让人恼火，有时候他们是神秘莫测、耐心欠佳、爆裂耳膜的小生物。我们所有人都希望我们的孩子长大后成为令人愉快的人，但是，当我们与他们互动的时候，我们必须注意我们的言语，因为我们对待他们的方式不仅影响他们对自己的看法，而且为他们示范了如何对待他人。如果我们希望他们善待他人，那么我们自己必须真正地友善。今天我们是多么迫切需要友善的文化！我们可以培养出友善的孩子，而这一切都是从我们向他们示范友善开始。

童年是一座花园：让孩子做回孩子

每个孩子都应该养只宠物

上周我从杂货店回家时，我五岁的女儿在门口迎接我，她大喊："妈妈，你看到我的蜥蜴'超级巨星'了吗？我在外面抓到它的，它就在客厅里！"我走进客厅，在钢琴上的盒子里没找到超级巨星时，我有一瞬间的恐慌。幸运的是，超级巨星拥有高度的"伪抓"——这是我女儿的说法。它正偷偷地躲在一些室内植物的叶子下面。超级巨星是一只中等大小的蜥蜴，考虑到它这么容易被抓到，我猜它一定是得了某种疾病。盖上盖子就密不透风的密封储物盒对它可没什么好处，于是我还没来得及放下刚买的鸡蛋，就用塑料薄膜把盒子包了起来，在上面戳了几个洞（把这个归档在"你没料到当妈妈会去做的事情"下面）。

我的女儿喜欢抱起它，当她紧紧抱着它的时候，它的眼睛会很酷地突出来，是不是很乖巧？她费尽心思用前院的杂物装饰它的储物盒，但我相当肯定，它的自然栖息地与放在空调通风口下的 4×6 英寸大的无水塑物盒有点不同。换句话说，超级巨星的日子屈指可数了。我不想让我的双手沾满蜥蜴的鲜血，不管它生病与否。我也不希望我女儿醒来看到一只死蜥蜴的时候被吓坏。虽然这样做有点自私，但我还是说："宝贝，今晚我们必须让超级巨星离开。它需要生活在草地上、在户外，和它的朋友在一起。"（附注：蜥蜴是独居动物，但我不打算告诉她。）

所以那天晚上我让她把它带到外面，最后一次抱着它，然后让它躺在草地上重获自由。它爬上一片灌木，最后一次转过身说：

第八章 来自礼貌和善良的礼物：心存善意，才是人间理想

"谢谢你，妈妈，谢谢你救了我的命。"（脑补剧情）不过，天哪，你不会相信我的小家伙有多么悲伤。她抿起下嘴唇，眼泪——真正的眼泪——顺着她的脸颊流下来。她倒在我的怀里："我想念超级巨星！"

她关心和疼爱这只小蜥蜴，即使它只在我们家里待了（非常寒冷的）17个小时，她那颗善良、温柔、富有同情心的小心脏也活跃了起来。这就是宠物的力量。

我认为每个孩子都应该有一只宠物。

我知道，如果可以的话，这本书的读者中有人会越过书页瞪着我："一只宠物？！我讨厌狗，而且我对猫过敏！我能勉强养活孩子就不错了！"你们中还有一些人，那些来自《马利和我》（Marley and Me）俱乐部的人，觉得你的狗基本上就是你的大儿子。

我就直说了吧，斯马特家既没有狗也没有猫。如果我们斯马特家的任何一个人和一只猫科动物待在同一个房间里超过10分钟，我们就会不停地打喷嚏。我想我们可以接受一只狗，我也喜欢过一只迷你腊肠狗（陪我一起长大的小狗就是这个品种），但是我丈夫宣称这个可爱的品种实际上更像是猫，而不是狗（在此我要对他翻个白眼）。

所以当我说"每个孩子都应该有一只宠物"的时候，我的意思是包括所有正在读这本书的家庭，包括过敏症患者、有洁癖的人、住公寓的人、讨厌狗的人和恐猫症患者——所有的家庭。为什么？因为孩子们在照顾动物的时候，内心会发生一些变化。

其实蜥蜴的故事还有很多。我还没告诉你们的是，我们家里已经住着两只蜥蜴了。是的，两只疙疙瘩瘩、斑斑点点、滑滑溜溜的豹纹壁虎，名叫斯图尔特和马丁，住在室内人工加热的玻璃容器里（我在等我的"年度最佳妈妈"奖牌的到来）。你不会相信这些冷血的爬行动物多么深入我们的内心。我们家人能够了解并爱上两只蜥蜴，这特别能证明我的观点。

我花了六个月的时间才鼓起勇气去摸它们，花了一年的时间（这是实际的时间长度，不是夸张）才握住其中一只。但是现在，你能相信我竟然会在没有人看着的情况下对这些可怕的生物说甜言蜜语吗？有一天我丈夫路过，看到我正拿着一只蜥蜴，他吓了一跳。我不好意思地抬起头，坦白道："它看起来好像很冷！"

如果你养不了狗或猫，而爬行动物又会吓到你，那怎么办？我妹妹就是这一类人。我外甥庆祝生日的时候，收到了很多份金鱼礼物。我想，金鱼肯定是有史以来最差劲的宠物，那些可怜的孩子至少需要一只爬行动物。然后我听到我外甥谈论他的鱼，他注意到了鱼在害怕的时候会做什么，以及他是多么喜欢他的鱼缸的布置。这条可爱的金鱼名叫"黑眼"，对我的外甥来说非常珍贵（幸运的是，它活得比平均寿命长，有三年之久）。

宠物能为孩子提供很多益处。

它提供了一个朋友。 我记得在我糟糕的中学时代，有只名叫老虎的虎斑猫是我最信任的朋友。我暗恋一个叫亚历克斯的男孩，但不幸的是，他暗恋我的表妹谢莉娅。哦！那真是糟透了！我经常哭着回家，然后我会爬到后门廊，找到我忠实的户外猫咪朋友，抚摸它的毛皮，告诉它我所有的不幸和烦恼。虽然听起来很傻，但我们之间的关系唤醒了我内心深处的一些东西，教会了我陪伴他人的重要性。

它提供了一个培养责任感的机会。孩子们习惯被照顾，宠物通常使他们第一次有机会关心某物或某事。在我们家里，当有人不想从笼子的角落里铲起蜥蜴的粪便时，我经常引用这句话："正直的人关心他们的宠物的需要"（我知道你很羡慕我们现在的生活）。我有个孩子是天生的动物语者，他对它们的情绪和需求很敏感，而另一个孩子99%的清醒时间都在说话，他不会自觉地注意到任何人的需求，不管是不是爬行动物。我们的宠物是一个很好的训练场，教我们如何带着同情心去照顾动物。

养宠物提供了一个学习的机会。宠物可以帮助孩子，通过在各种场合照顾动物，孩子近距离地了解大自然、手术和缝合、交配、攻击、母亲对婴儿的养育、牙齿、鸟喙、撕裂的皮肤，以及鳍和毛皮。

我从未预料到两只蜥蜴会在我孩子的生活中扮演什么样的角色。对于这次在Facebook商店的购物，我不后悔。也许你一直在寻找一个是否让你孩子养宠物的信号，这个就是。请考虑我对"孩子最好的朋友"的官方投票（即使这个最好的朋友不是一只猎犬，而是一只蜥蜴）。

另外，豹纹壁虎只吃活蟋蟀，它们还会蜕皮。我希望我们在圣

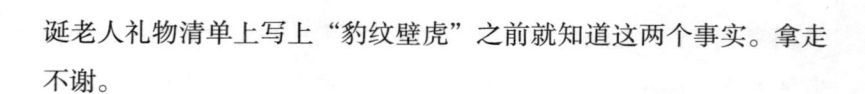

诞老人礼物清单上写上"豹纹壁虎"之前就知道这两个事实。拿走不谢。

人可以千差万别，但不可以不友善

2019年10月，在达拉斯牛仔体育场非常显眼的记者席上，两位名人聊了起来。他们微笑着，开着玩笑，看起来好像很喜欢对方。这并不罕见，也没有引起任何关注，除了一个小小的花边新闻：这两位著名的朋友是艾伦·德杰尼勒斯（Ellen DeGeneres）和美国前总统乔治·W. 布什（George W. Bush）。除了对职业橄榄球有明显的喜爱之外，这两位名人之间似乎并不存在相似之处。德杰尼勒斯女士是一位自由主义者，直言不讳的女同性恋者，她主持一个脱口秀节目；布什是一个保守的共和党人，他在任时支持并通过了许多人认为是反同性恋的政策。然而他们就在这里肩并肩地坐着，几乎表现得就像……朋友。

对我来说，这次活动最不可思议之处就是，人们对这种奇怪但平和的互动感到惊慌失措。对于大多数人来说，能够以一种文明甚至是友好的方式与一个和自己截然不同的人进行互动是不可思议的，这是当今事态的可悲之处。对于我们这些抚养孩子的人来说，这不仅仅是一个有趣的故事，它还揭示了我们孩子所生活的这个世界的一些深刻的东西。

如果你正在读这本书，你可能正在做一些与众不同的事情。如果你养育的孩子会放下科技设备，享受工作，喜欢阅读，不会在体育、时尚和摆酷的祭坛上折腾，你的家庭会显得有点奇怪。孩子们需要学习两个重要的课程：

- 与同龄人不同是 100% 正常的；
- 我可以对与我不同的人善良友好。

奇怪的是，有时候孩子比成年人更擅长这些。没错，他们会注意到人与人之间的差异，并且很快（大声地）指出来（"妈妈，为什么那位女士的肚子那么大？"一个孩子在沃尔玛隔着一堆香蕉对我喊道）。然而最酷的是，他们也比我们成年人更快地和与他们不同的人交朋友。

我们的朋友收养了一位来自中国的小女孩，她有点残疾，一瘸一拐，一条腿走路时有点拖拉。作为未来想成为医生的人，我女儿立刻注意到了这种身体上的异常，并且有 732 个关于跛行的问题，比如女孩是否看过医生，是否疼痛，等等。是的，她注意到了差异，但是她喜欢和这个女孩一起玩。她会帮助她，奔跑的时候会等她，会问她问题，并成为彼此的朋友。

作为成熟的成年人，我永远不会像我女儿那样直截了当地问问题，我会知道自己"不应该"，然而我坐下来和她玩了吗？谁是她更好的朋友？答案是我女儿。也许"让孩子做回孩子"的一部分就意味着，不要用我们的长篇大论去打断他们天真无邪的接纳；也许"让孩子做回孩子"就意味着，捍卫对待与我们不同的人时秉持孩子般的善良。

当然，我不是在暗示孩子是完美的，他们可以像其他人一样刻薄和不友善。但是"让孩子做回孩子"的可敬之处，就是去拥抱和鼓励他们，让他们与各种各样的孩子、老人、后院的蜥蜴和邻居的狗发展无忧无虑的友谊。以下是一些能鼓励你的孩子善良的方法。

打开你的家门。我们的朋友佩奇和斯托克顿是"如何向他人开放家门"的典范。他们的厨房、前院和蹦床上经常挤满了需要关爱的人。可能是单身母亲和她们在受虐妇女收容所的孩子，可能是大学生，也可能是他们在学校遇到的家庭。对于佩奇和斯托克顿来说，你看起来怎么样、如何说话、怎样思考都无所谓，他们的家欢迎你，而他们的孩子也看到了这些。

赞助一个有同情心的孩子。这是一种切实可行的方式，可以把你的真心和金钱给予和你截然不同的人。

教会那些伤害过你的人善良。想要反击，想要以同样残忍的方式回应，或者想要报复那些欺负别人的人，这是很自然的。当我们的孩子开始懂得那些残忍的人往往最需要爱的时候，真正的宝藏就出现了。

善待老人。这并不像其他理由那样时髦，但老人是社会中最孤独和最被忽视的群体之一，他们喜欢和孩子们在一起！只要一个简单的步骤，送一束鲜花和一张卡片给养老院的居民，就能让他们开心一整天。

善意地说出真相。善良的概念听起来简单易懂，但它并不简单，也并不总是那么容易做到。如何对一个恶劣的操场恶霸表现出

第八章　来自礼貌和善良的礼物：心存善意，才是人间理想

善意？如何与冒犯你的人、过分开你玩笑的人做朋友？一边思考，我们一边回到艾伦·德杰尼勒斯和乔治·W.布什身上，这两位公众人物向人们展示了一些绝对勇敢和高尚的东西：你可以相信你所相信的，但仍然保持亲切和善良。真理和爱，我们被迫认为要二选一，但如果两者都选呢？

一点也不要害怕你的家庭与众不同，做你自己。坚持你本来的样子，坚持你的信仰。

但要心存善意地去做。如果我们能够平衡真理和善良这种罕见而美好的结合，我们今天就是在养育独角兽——既有信念又有温情的孩子。

第九章

来自家庭的礼物：
你们才是彼此
永远的后盾

童年是一座花园：让孩子做回孩子

在我人生中的一小段时间里，我极其酷炫。这之所以成为可能，是因为我当时是一个未婚、刚开始工作、才走出大学校门、眼睛明亮、雄心勃勃、有大把时间可以花在自己身上的年轻女孩。我拥有每一款时尚鞋子，我经常光顾塔吉特百货和安帕蕾服装专柜来更新我的行头。我的头发经常挑染，总是用流行的杰西卡·辛普森（Jessica Simpson）式反向卷发棒技术完美地卷曲着。如果打开收音机，我知道所有的歌词，能分辨出歌手是谁。我知道我们该去哪里，懂得我们该做什么活动。我，曾，经，很，酷！那感觉真是（尽管是转瞬即逝的）精彩。

在接下来的15年里，我付账单、结婚、怀孕、再怀孕，然后变得非常焦虑。正常的成年人事务（比如，研究健康保险计划和疏通下水道）占据了我的时间。简而言之，我现在是我曾发誓永远不要当的那种明显落伍的"面包车妈妈"。

现在如果去逛商场（我尽量避免去商场，因为音乐让我头疼），我必须有意识地锻炼自控能力，控制自己不去呆呆地盯着看。为什么都是露脐装？为什么所有东西看起来都这么丑、这么不搭调？这些孩子的年龄真的大到可以互相摸来摸去了吗？我是一个吹毛求

第九章　来自家庭的礼物：你们才是彼此永远的后盾

疵、迷惑不解、落伍过时的妈妈。我会走进化妆品店，找到一个看起来很时髦的青少年，然后低声问道："这个唇膏的颜色时尚吗？我不懂。"（给妈妈们的建议：我强烈推荐这种方法。我的口红得到了无数的赞美。）

一个有点令人惊讶的发现是，我实际并不在乎这种酷的消失。我丈夫仍然认为我很性感，而且只要你放弃性感，穿上瑜伽裤和印着你参加过的某场比赛的名称的 T 恤，就能体验到令人难以置信的自由。这是一种成年带给你的、达到一定沉着、自信程度的深度解脱。

只是有一个令人不安的小问题，我不能无限期地待在这个舒适的文明洞穴里，你也不能。你的孩子现在可能还小，但我能预料，在你意识到之前，你的某个孩子就会比你高了。我们的孩子正迅速奔向"永远 21 岁"服装、独立音乐、Snapchat 和其他我们甚至都不知道名字的事物的时代。

我不知道你们怎么样，但这让我很不安。我们需要更多地、迅速地了解青少年文化。我首先要做的可靠步骤是，找到一个我信任的、对青少年生活有把握的人。我的朋友克里夫·赖特（Cliff Wright）是《青年生活》（Young Life）的区域总监，他们在针对当地高中生的项目方面表现出色，指导老师就在现场跟这些蠢蠢欲动的家伙们——现代青少年，面对面地工作、互动，他们看到的是最纯粹、最地道的青年文化。

我的结论是，克里夫会懂的，而且他还有一个独特的视角，他不仅了解青少年文化，同时还是一位父亲。他知道小老虎丹尼尔（*Daniel Tiger*）的便盆之歌，知道 10 年级学生会趁父母不注意的时候在应用程序上做什么。我认为这是一个值得交谈的人，事实也是如此，克里夫教会了我无数关于青少年生活的事。

在我们的第一堂课上，他在一张帕尼罗餐巾纸的背面草草地画了一张青少年文化的图表。真是太震撼了！我的意思是，要试着去理解事情和我上学时相比发生了多大的变化，真的让我头疼。就像克里夫所说，现在的父母认为他们知道青少年是什么样子的，其实很可能他们并不知道。他们需要从认识到自己不知道的事情有多少开始。

正如克里夫解释的那样，我们所经历的与我们的孩子将要经历的有着很大的区别，那就是在回答"我是谁"这个问题时，我们有一个统一的文化表述。我并不是说以前每个人的生活都很轻松，那太愚蠢了，但至少我们有自己的身份，我们知道自己是谁。

例如，那时有一个被普遍接受的"社会阶梯"，而且你知道你在哪一层。如果你是在 2000 年之前长大的，你的阶梯可能看起来像下面这样：第一层是运动健将和漂亮女孩，第二层是聪明的孩子，第三层可能是乐队成员，等等。这个系统很清晰，你知道你站在哪里，在全美范围内也少有混乱。我们对国家更有统一和归属感，这个国家有一些被广泛接受的叙事。最后，有普遍接受的性别角色。这意味着即使你有糟糕的家庭生活，或者你处在社会阶梯的底层，但至少你有坚实的身份认同感，包括你是什么样的人，你在社会中的位置，以及世界上的这一切是如何发生的。

未来几代的孩子没有这些。打一开始，我们的国家叙事就是完全混乱的。如果我是生活在2020年的孩子，唐纳德·特朗普总统是坏人还是好人？美国天生就好吗？或者是坏的？而性别角色已经变成了"炒鸡蛋"，看不出原先的模样。这些问题的答案并不是重点，重点是没有被广泛接受的答案。

对许多孩子来说，找到自己身份的首选场所是他们的朋友圈子。正如克里夫所解释的那样，在青少年文化中，不再有我们所熟知的社会阶梯，相反，那里存在着一些小型的"部落"，以相似的爱好或特征为标记。这些部落有他们自己的行话、他们共同的价值观和身份。他们告诉一孩子："你很有价值，因为你和我们一样。"将他们联系在一起的是音乐类型、爱好、运动或电子游戏的共同点。这些部落是孩子们获得自我意识的地方。

如果快要上中学时，你的孩子对自己是什么人没有基本的认识，那么他们会找到一个能够告诉他们自己是谁的团体。在《抱紧你的孩子》(*Hold On to Your Kids*)一书中，戈登·诺伊费尔德（Gordon Neufeld）指出："有史以来第一次，年轻人不是向母亲、父亲、教师和其他负责任的成年人，而是向他们自己的同龄人寻求指导、示范和引领。他们在互相抚养长大。"

孩子们被彼此抚养长大？我不知道你怎么想，但我教过初中，这绝对是一个可怕的想法。也许从未像现在这样，我们如此强烈地需要家庭所提供的身份认同感。这是一句非常重要的话，所以我要再说一遍，对家庭所提供的精神的需求，可能从来没有像现在这么强烈过。

一个孩子要想成为孩子，他就需要一个家庭。伦纳德·萨克斯解释说，孩子无法从同龄人那里得到他们迫切需要的无条件的接纳和爱，他们只能从慈爱的父母那里得到。孩子们需要知道：即使每个人都取笑你的眼镜，或者不邀请你去他家过夜，这都并不重要，因为你永远拥有父母（这是给予一个身处青春期混乱、羽翼未丰、正在成长的灵魂多大的礼物啊。人类的礼物，永远属于你）。孩子们需要父母和家人给予他们很棒的信心（因为我们会变成我们被告知的样子）。他们需要一个拒绝的理由，他们需要有趣的人做有趣的事情，不违法也不危险，这样周五晚上他们就有其他地方可去。

给孩子提供一个真实、充满爱、忙碌、有趣的家庭，我们就能给予他们很多。你有没有注意到，我的名单里没有"完美"这个词？我是特意剔除了这个词，因为即使你的家庭有问题也没关系。所有的家庭都有问题。也许这篇关于"家庭"的文章让你感到内疚，因为你所拥有的那个家庭既平凡又不完美。也许你想起了你的愤怒或者你破裂的婚姻，或者你变得多么忙碌，与你所信仰的事物脱节。世界上没有完美的家庭，但是你可以从现在着手，让你的家庭变得更加强大。忘掉邻居的家庭，忘掉我的家庭，忘掉你希望拥有的家庭。这里有几个简单的方法，可以让你的孩子拥有家庭的礼物。

各种各样的传统。有很多传统——大的、小的、古怪的，甚至

第九章　来自家庭的礼物：你们才是彼此永远的后盾

是陈腐的。如果有人做了什么大事，我们家会在晚餐时"慢慢地鼓掌"。昨天吃晚饭的时候，我告诉大家，我女儿在上次游泳课上学会了游泳！男孩们就放下正在吃的辣椒，开始慢慢地鼓掌表示称赞。我开始训斥他们（通常我反对餐桌上大声喧哗、不礼貌的行为），然后我停了下来，想起来这是我们家的传统！我们就这么做。这是一件有趣的小事，我们用缓慢的掌声告诉某人他太棒了，辣椒可以等会儿再吃。我写了一本关于传统的书，叫作《制造记忆的妈妈》(Memory-Making Mom)，你也可以从这本书中读到其他的创意——其他用来表明"我们一起做这件事，这是我们的事情，我们是一家人"之类的事情。这是很棒的第一步：问问你的孩子，喜欢你们家经常做什么。哇，这些就是你家的定海神针。

共同的爱好。我们家喜欢一起骑自行车，为弗吉尼亚理工大学霍奇队加油，参加全美运动汽车比赛，读《加菲猫》大笑，看《完美兄弟》(Dude Perfect)。我知道你们有喜欢一起做的事情，这些事情比你想象的更有意义，它们的意义不亚于夏令营，不亚于收拾必须安装在房子里的空气过滤器或者把支票存到银行。花时间培养你们的兴趣爱好，那是在做真正深入心灵深处的事情——创造一个家庭！

无条件的爱。上高中的时候，我开车带着我的三个兄弟姐妹去学校，路上轮胎爆了，车冲出了马路。记忆有点模糊，但我确实对这件事有一些模糊的负罪感。也许我偏离了道路，撞到了什么东西，所以车胎才爆了；也许我没有像本该做的那样注意力集中；也许我转弯转得太大了。不管怎样，我爸爸来的时候，我肯定是一脸

177

羞愧的表情。他非常和蔼亲切，一遍又一遍地告诉我，他知道我做了正确的事情，他为我感到骄傲，幸好我们平安无事。现在想到他是如何为我们欢呼，支持我们，我还是会有些哽咽，情绪激动。我知道孩子们似乎并不喜欢这样的事情。我的某一个孩子，当你告诉他你有多为他骄傲的时候，他会羞怯尴尬，像乌龟一样不高兴地走开。但是不要忘记对于我们的孩子来说，爱是多么珍贵的礼物。他们需要知道我们支持他们。

而且，家庭成员需要彼此喜欢。是的，不仅仅是以一种笼统的普遍的方式去爱，而且是千真万确地互相喜欢。当我们真正地喜欢并接受对方的时候，我们会告诉对方我们"都可以"。你的所有孩子都知道你喜欢他们、爱他们吗？有时候喜欢他们需要付出努力，而我了解这一点（我可以这么说，因为我知道有时候喜欢自己也需要一种勇气和努力）。

我们不能忘记，现在青少年的生活是多么不同。有这么多的年轻人希望通过他们的朋友了解自己是谁，比起以往任何时候，我们都更需要为他们提供无条件的爱、友谊和身份认同这样的家庭礼物。

你在孩子心中的存在远比你以为的重要

我不可能告诉我们家四个孩子说，世界上有比他们爸爸更好的爸爸，但让人伤心的是，他不得不经常出差。我还记得每周四晚

第九章 来自家庭的礼物：你们才是彼此永远的后盾

上，我走进爸爸的房间，看着打开的手提箱和正准备动身去周末全美运动汽车赛工作的爸爸时，我体会到的那种痛苦。

不是说我们和爸爸做过什么特别的事。他是和我们一起做了一些事，但他做了什么并不重要，只是他在家的时候，我们感觉更好，感觉家里的一切都更好，甚至世界上的一切都好。只要有他在身边，听得到他的声音，闻得到他的古龙香水味，听得到你往车道上的篮球筐里投篮时他的欢呼。

有个周末，我和他一起去加利福尼亚州出差。不要问我我们谈了什么，在哪里吃饭，做了什么，我不记得那些事了，我只记得我和爸爸在一起。他是那种似乎什么人都认识、什么都会做的人。和他一起遛弯，听他聊着我们遇到的是谁，聊他在做的事情——我完全沉浸其中。只要在他身边就足够了。

我记得这一点，当我的孩子们（我辛辛苦苦照顾了他们八个多小时）冲到门口，给我丈夫一个堪比给予遥远国度的王子的欢迎时，我的不满就少一些。他只是工作一天之后回家了，但你会觉得他简直像明星驾到，阵仗还如此之大（嘿，还记得我吗，孩子们？只要你们需要我，我就在）。我只是开个玩笑。这是一件美妙的事情，我明白，只不过是爸爸在家的时候感觉更好。

对我们这些家长来说，这是非常重要的一课。高质量的时间是有意义的，但时间的数量也是有讲究的。孩子们需要有足够的时间和父母在一起，原因有以下几点。

它告诉我们要在日常生活中做好平凡的事情。看我妈妈熨衬

179

衫，我学到了工作态度（真是精疲力竭啊）；听她在干洗店里耐心地和那位可爱的女士聊天，我学到了友善；看爸爸清理他的车，我学会了怎样处理一些事情（对不起，爸爸，我们的面包车让你失望了）。这些平凡的时刻是性格得以塑造的时刻。我们可以念诗文，做演讲，但是家长的言传身教会直接影响孩子的行为方式。

它建立融洽和信任的关系。你的存在告诉孩子，他们可以在需要你的时候来找你，因为你会在他们身边。在我最喜欢的一部电影《生活多美好》（*It's a Wonderful Life*）中，年轻的乔治·贝利（George Bailey）看到他的药剂师老板把毒药放进了一个药物胶囊里。乔治很担心，但不知道该怎么办。他的目光落在一块牌子上，上面写着："问爸爸，他知道。"乔治扔下药，沿着街道飞奔到他爸爸在贝利建筑与贷款公司的办公室。在我看来这是如此温柔的一幕，小乔治陷入了困境，他直接去找了爸爸。我们的孩子也将会经历这样的时刻，他们或正在经历这样的时刻，面临着困境和抉择。每时每刻，他们的世界都正变得越来越复杂，我们在那里吗？他们知道可以奔向我们吗？

它发展友谊。友谊通常不是一个与家庭联系在一起的词，但我相信它是维系一个家庭的纽带。我和我的兄弟姐妹们都已经30多岁了，但是"在一起"的地方是我们最喜欢去的地方之一。没有人强迫我们，我们喜欢这样，因为我们是朋友。友谊是在平淡无奇的日常生活中建立的。说实话，在为人父母的最初几年里，你并不觉得你在建立一种友谊，也许你到现在还没有。但是总有一天，你会和你的孩子们开一个真正的玩笑，然后一起大笑，你会告诉他们（泪

第九章　来自家庭的礼物：你们才是彼此永远的后盾

水刺痛了你的眼睛）你所担心的事情，你可以从他们的脸上看出他们在乎你。你们会真诚地讨论难民危机，你们会一起骑自行车，你们中的每一个人都会喜欢它。你们已经开始建立友谊，随着时间的推移越来越紧密。

它很重要，因为权威能带来安慰。在我住的那个有 200 户人家的街区，90% 的孩子放学后都聚集在一个死胡同里——那个车库门都开着、父母们都在家的死胡同里。很多孩子可以自由地去任何他们想去的地方。如果愿意，他们可以骑着电动滑板车逛到埃克森加油站，可以躲在地下室里玩疯狂橄榄球游戏。但令我惊讶的是，他们大多会到有家长在的家庭去。这让我觉得非常有意思。我这里说的可不是超级黏人的学龄前儿童，他们是初中生，拥有近乎无限的自由，渴望独立。为什么他们会被 30 多岁的全职妈妈所吸引？我认为这对他们来说是一种难以言喻的安慰。这里也有表面上的原因，包括创可贴、冰棒和几杯冰水。但是，难道他们不能在一个没有人的房子里得到这些东西吗？就像萤火虫被路灯吸引一样，孩子们被吸引到有妈妈在里面煮意大利面、折叠毛巾的家里。

毫无疑问，孩子需要拥有父母陪在身边的时光。他们可以向父母学习，从父母那里找到智慧，与父母建立友谊，从父母处获得安慰。这对父母来说意味着什么？

尽可能地待在孩子身边陪伴。当你不能为他们提供高质量的时间时，就试着增加时间的数量。实际上，这看起来就像带着孩子去做你必须做的事情，尽可能在家工作。有一说一，我是在帕尼罗面

181

包店的一个卡座上独自写这篇文章的,所以我并不是说你永远不要离开你的孩子们。但是做一个父亲或母亲需要花很多的时间,而且从塔吉特百货的老太太们在豌豆罐头过道上拦住我时说的那些话来看,我们永远不会后悔和孩子们一起度过的时光。

不要厌倦做一个在场的父母。我的孩子们有一个新习惯,他们会说:"妈妈?"(嗯?)"我在想……"(怎么?)"我能问你一个问题吗?"(可以啊。)然后他们终于问了那个问题。我不知道你们中是否有人进入过"脑细胞幸存模式",在那种状态下,最好是问最少的问题。这对孩子来说是无意义的语言,因为他们没有可以去理解它的结构。他们可以漫无目的地闲谈猫在外面做了什么、他们昨晚的梦、如何建立一支梦想的橄榄球队,等等,没完没了。继续待在那里,即使是你筋疲力尽的时候!你正在做正确的事。

在棒球比赛中,有很多对球场上的孩子们喊的口号,对我来说很好笑。其中一句是"准备得好",似乎只是赞美他们站在那里的意思。同样的道理,家长们,这也是给你们鼓舞士气的话。"就那样准备,妈妈!就那样准备,爸爸!"就这样在那里,它的意义超乎你的想象。

无论多大,孩子都需要你陪伴在他身边

我清楚地记得初为人母的阶段。在那个阶段,如果你不祈祷在你洗手的时候每个人都活着,那你就简直不能去方便。在那个阶

第九章　来自家庭的礼物：你们才是彼此永远的后盾

段，我不得不在两个月内给中毒控制中心打了三次电话，因为我还在蹒跚学步的女儿试图狂饮一瓶婴儿布洛芬（我的错），把茶树油涂在她的嘴唇上（我的错），还可能吞下了她哥哥的一些史莱姆胶，里面含有腐蚀性的硼砂清洁剂（基本上也是我的错）。我有理由担心，在给州中毒控制热线打了几个电话之后，他们会把你的档案移交给当局进行调查。在这些事件上，"妈妈内疚"的程度达到了极致。

问题在于，在为人父母的过程中，总有一段时间你要做到：不！要！让！孩！子！离！开！你！的！视！线！如果在这个阶段你碰上一次和邻居的聚会，你可以让每个人都穿上符合季节的衣服（有人会强烈反对根据天气实际情况穿衣服），然后把他们的水、你的水、你的咖啡、他们的其他几套衣服，以及他们去哪里都要带的特殊物品拿好。不同孩子在不同阶段对这些东西的需求会有所不同，我有个孩子特别依恋一块毛绒拍嗝布，还有个孩子非常依恋几根PVC管，有很长一段时间我们都认为他注定会成为一名水管工。等你拿好了所有的东西，你开始用正确的工具来运送它们。也许你有一辆长把手的红色小车，也许你有双人婴儿车，很可能你受到某种限制，决定"自己驾驶"某种踏板车或自行车——只要你提前45分钟出发就可以了。

当你到了你要去的地方，你可能会有……让我看看……5分29秒可以用来进行真正的成年人交流，所以如果你们有话题要讨论，最好抓紧点。剩下的拜访时间将用来：

- 保护孩子们的安全；
- 保证你孩子的安全，以及……
- 基本上就是这事。

这些年来，我和我的姐妹们不得不在院子里的不同区域露营、聚会。"好了，我负责前院。谁负责后面？"我们还会大喊："你觉得那样危险吗？""有人能看到那些女孩吗？""那是哭声还是笑声？""怎么全湿了？""那是水还是尿？""那是屎还是泥？"

我们只有两把棕色的阿迪朗达克塑料花园椅，但其中一把或两把总是空的。有人一直跑来跑去，从一个蹒跚学步的孩子嘴里掏出可疑的东西，推着秋千上的人（"再高点！再高点！"），或者阻止一场因小泰克汽车而起的争吵［这是被雷切尔·扬科维奇（Rachel Jankovic）恰如其分地称为"罪恶货车"的产品，因为玩它的人很快就会变得淘气］。

这暂时就是你的生活。但是在未来的某个时候（这是渐进的过程），你会坐在家里意识到："我的孩子们在玩耍，而我没有看着他们。"这感觉还不错，同时也会感觉很奇怪。下次有玩耍聚会时，你会意识到你可以一直坐在同一个地方，进行远超过 5 分 29 秒的真正交流，你甚至都不知道该说些什么。

然后过了一段时间（又一次，你几乎没有意识到它发生了），一个孩子会问："我能去某某家玩吗？"你说："好的。"

（暂停一下，为这个伟大的育儿仪式默哀片刻。）

第九章　来自家庭的礼物：你们才是彼此永远的后盾

在这个阶段，你会为自由、和平、安静、独处的时间感到非常非常舒服。

但是孩子们仍然需要你在身边，即使他们不再吃泥土。他们不再像以前那样需要你了，他们基本上已经掌握了"不要站在摆动的秋千下面"和其他类似的生存技巧，但是他们仍然需要你在身边。

首先，我想解释一下我所说的孩子"需要你在身边"不是什么意思。

- **你不需要徘徊、盘旋**。我的意思并不是说我们必须像一只正在孵蛋的母鸡一样围着我们的中小学生转，监控每一秒钟。正相反，独立对于成长中的孩子来说是一个至关重要的经历（见第二章）。
- **你不必当法律顾问**。我的意思不是说孩子们永远不应该解决他们之间的争吵和难题。

那他们需要我们做什么？在这个全新的独立阶段，我们怎样才能更好地养育他们呢？

我们可以对他们说激励的话。不是说要长篇大论。我的意思是走进他们的世界，重新计划正在发生的事情，给他们讲一个故事，激励他们以不同的方式思考，帮助他们在现实生活中做出正确的选择。我并不是每天都做这样的演说，大概一个月一次吧。但重点是，你需要在孩子的身边（或者在晚餐或者其他时候复盘）去理解他们正在经历什么。在互动游戏中会发生很多事情。当你的孩子在外面玩过家家游戏，掌管泥巴厨房，或者参加院子棒球赛时，现实生活中的问题就出现了：我们如何对待彼此？我们是否诚实？什么样的语言合适？我不知道你的孩子怎么样，但我的孩子不会注意到这些问题，也不会自己处理这些问题。在我所观察到的孩子中没有一个会说"伙计们，等一下。我们用这一卷纸巾假装擤鼻涕，并不能真的证明我们对地球的良好管理"，或者说"等一下，作为一个大孩子，我不是一个很好的服务型领导的榜样，也许我应该少一点专横"。把每次玩耍聚会都变成一堂人生课是有点过头了，但是当你在他们的游戏中进进出出时，你会时不时地受到他们的推动，和他们谈谈正在发生的事情。这些初级的 TED 演讲是鼓舞人心的，而不是让人内疚的；是关系型的，不是说教型的。别误会我的意思，现在，就现在，你有个机会冲出去命令所有人不要再用布里洛洗碗垫来洗面包车了。但我在这里提到的干预措施则不一样，它们是友善的、田园式的。你可以一整天都和你的孩子谈论诚实、善良和公平，但是如果你真想给他留下印象，那就要在玩耍中找一个实时的运用机会。

我们可以确保他们不会做出危及生命或个人财产的鲁莽行为。听我说，也许你的孩子和我的不一样，但有时候我的孩子做的事情……怎么说呢……显示出不理想的判断力？你见过哪个孩子会从车顶上自由落体，或者爬梯子到屋顶的？我见过。有时仅仅是到车库里一趟（"哦，嘿，你好。我刚把垃圾袋拿出来。祝你们今天开心！"）就可以决定今天是否去看急诊。

我们可以提供食物和水。乍一看，这似乎是最不重要的，但是

第九章　来自家庭的礼物：你们才是彼此永远的后盾

你知道有"饿怒"（饿＋生气＝饿怒）的孩子吗？我有一个侄子，当他需要零食的时候，他就会倒在水坑里。一旦他到了这个地步，任何有成效的玩耍机会都会被打得粉碎。我可能正在家里无辜地洗碗，然后就听到明显是"汤米饿了"的那种呻吟和哭泣。给他一根燕麦棒，他就好了。自主的活动很容易使孩子们感到舒适惬意，但是他们不可能在没有食物的情况下连续玩耍好几个小时。我的意思是他们可以，但是会有影响，有时还会很危险。我们为孩子们的玩耍提供能量，炎热的天气里我们端去几杯冰柠檬汽水；腰旗橄榄球比赛结束时，我们端去一盘橘子或饼干；下雪天送去热巧克力和新袜子。

我喜欢苏珊·谢弗·麦考利（Susan Schaeffer Macaulay）的说法："（孩子们）不希望大人干涉其隐私，却需要在争吵时得到大人的鼎力支持，帮他们找到另一种解决问题的方法，为他们提供食物。最后，还需要被巧妙地带回到准备好晚餐的世界，营地要收起来了，孩子们累了，照例该听睡前故事了。"

无论如何，作为大孩子的妈妈，尽情享受你不被打扰的咖啡时间吧，享受你做晚餐时不会被婴儿学步车碾压脚踝的乐趣。只是别忘了：你的孩子仍然需要你在他身边。

第十章

来自天真的礼物：
不当成年人的福气

童年是一座花园：让孩子做回孩子

我曾经问我四岁大的孩子："你想要苹果还是葡萄？"我婆婆曾是幼儿园老师，积累了大量关于孩子的常识，她听到后把手放在我肩上，欣慰地微笑着说："你这么说真是太好了。有些家长会打开冰箱说，'你今晚想吃什么？'他们根本不知道自己已经完全难倒了孩子。孩子们做不出那些重大的决定，他们的小脑袋还没准备好。给他们两个选择，然后让他们决定。孩子们以为他们是在独立决定，但那实际上是以他们小脑瓜可以承受的方式进行的。"

我们从时而听到的抱怨中感觉到，这些独立的小生命想要当做决定的人。他们确实是想自己拿主意，也应该自己拿主意，但只能是决定小事情——关于吃葡萄还是吃苹果、穿这件衬衫还是那件衬衫之类的事。他们的思想很容易被压垮，因此无法在太多的选项中做出决定，也无法做太过重大的决定。我最喜欢的一句台词是，"我想听听你对某件事的看法，但我希望你知道，我才是做决定的人"。我的孩子们知道他们的意见很重要，但是他们也知道（让他们大大地松一口气的是）他们不是那个不得不做最终决定的人。

对孩子来说，不得不做成年人的决定是一种负担。我们应该住在哪里？我应该去哪里上学？即使他们看起来似乎想要决定这些事

第十章 来自天真的礼物：不当成年人的福气

情，但他们内心也会为有成年人掌舵而感到宽慰。他们希望你能去掌控这些艰难的决定。这对我们这些家长来说意味着两件事：

- 必须有人当成年人；
- 那个人就是你。

现代的父母很难做好这一点。正如伦纳德·萨克斯所说，这正是奇怪之处。我们家长在养育孩子上花费的时间和金钱越来越多，但是结果呢，情绪却变得更糟而不是更好了。我对此的分析如下。在过去的30年里，权力从父母身上大规模地转移到了孩子身上。随着权力的转移，对孩子意见和偏好的评价也发生了变化。如今在很多家庭中，孩子想什么、孩子喜欢什么、孩子想要什么与父母的想法、喜好和心愿一样重要，甚至更重要……这些出发点良好的改变却对孩子非常有害。

成年人来做艰难的决定。成年人承担那些不应由孩子承担的、对困难的了解和担忧。我上六年级的时候，我妈妈告诉我们爸爸失业了，但不用担心，因为他会找到一份新工作。事实上，这就是故事的结局，因为这就是我对这个故事的了解程度。我隐约记得，在爸爸重新被雇用之前的三个月里，我有点不安。我记得我对生日时只得到一件礼物感到有点奇怪，但那是一套魔术装备，真的很酷，而且我还是吃了我们经常吃的草莓果冻蛋糕，生活还在继续。我不怀疑那对我的父母来说都是一个负担，但分享他们全部的担忧和恐惧对我是有帮助还是有伤害呢？我很高兴我知道了基本事实，但是他们背负着沉重的包袱，而我的包袱比较小，只有孩子能承受的那么大。

在《简单父母经：用做减法的非凡力量来培养更平静、更快乐、更有安全感的孩子》(*Simplicity Parenting : Using the Extraordinary Power of Less to Raise Calmer , Happier and More Secure Kids*) 一书中，金·约翰·佩恩（Kim John Payne）建议为了孩子的健康简化你的家，包括杂乱物品、日程安排、时间节奏，还有一项，"过滤掉成人世界"。

佩恩博士敏锐地问道：

> 你有没有一些童年的记忆，是晚上坐在汽车后座，说不定还打着瞌睡，而你的父母在前座低声地说着话，正开着车穿梭在雨雪中？……那种感觉就像在黑暗中被包裹、被照看着。那时的黑暗和天气都有着淡淡的忧伤，也许他们所谈论的每件事情都带着忧虑，但是一切都很好。他们知道要去哪里以及怎么去，真好。不管会发生什么，他们都会带你穿越黑夜，真让人安慰。而回到家的时候……他们甚至可能一路把你抱到床上。

"如果把孩子纳入大人的谈话和大人的担忧，"佩恩博士继续说道，"认为我们这样是在和孩子'分享'，这是用词不当……信息太多并不能让孩子为这个复杂的世界做好'准备'，反而会让他们麻木不仁。"

那么，你孩子已经面临的那些问题怎么办？这是个破碎的世界。如果你的孩子已经发现了其中的种族歧视、堕胎、离婚、死亡等问题怎么办？我们不可能庇护我们的孩子免受世界上所有的痛苦和伤害。正在读这本书的你们中有很多人，经历过来自家庭劫难的

第十章　来自天真的礼物：不当成年人的福气

极度痛苦，那些历劫过程可能是我永远无法体会和了解的。在这样的艰难时期，你如何去保护童年？

我不是儿童心理学家，也不是这个领域的专家，不过我可以提供一些基本的指导原则，我想你们中经历过困难的人已经在这样做了。

不要犹豫，去做心理咨询，以便帮助你的孩子以健康的方式处理困难的事情。很庆幸，在过去10年左右的时间里，关于心理咨询和心理健康的污名开始消失。去心理咨询或者带孩子去做心理咨询不应该让人感觉奇怪或者绝望。我记得15年前我第一次去做心理咨询时，我手心出汗地扫视着停车场，希望候诊室里不会有认识我的人。我偷偷地溜进去、溜出来，羞愧难当，再没有比那时更强的羞耻感了。心理咨询可以有极大的帮助，如果孩子正在挣扎着处理一些他们被迫背负的问题，找个咨询师是很好的一步。

提供孩子尺度的而不是成人尺度的解释。我的一个朋友不得不告诉她的孩子们，他们的祖父母要分居了。她没有也毫无必要讲述那些残酷的细节，而是明智地说了一些更合适的话："爷爷和奶奶做了一些伤害对方的事情，所以要分开一段时间，解决一些问题。"

不要把他们当成你的共鸣板，也不要让他们背负你的责任。我在和焦虑搏斗。我把这件事和我的孩子们说了一点点，我认为这样做是好事。但是，适当的做法是要有限度。我是一个话痨，所以当我焦虑的时候，我喜欢把所有担心的事情都说一遍（一遍又一遍），要人们告诉我不需要担心它们（默立片刻，感谢我丈夫和我妈妈）。我承认，有时在某个黑暗的时刻，我真想把所有事情都倾泻到我那可怜的、毫无提防的 10 岁孩子身上。我的烦恼太沉重了，但那样做太不仁慈了。我也明白，随着孩子们的成长，跷跷板开始平衡，我们可以让他们承担越来越多的重量，但我们同时应该慎重考虑他们的能力。

成年到来得很快，而责任、决断、悲伤和负担全都与之相伴而来。即使看起来孩子们似乎想要决定一切，想要知道一切，想要控制一切，但其实他们并不愿意。所以应该由我们接受这个艰难的任务。在接下来的文章中，我将谈到四个具体方面，它们可以保护孩子，让他们因为知道"旁边有大人，而我不是大人"而如释重负。

孩子的安全最重要：帮孩子处理他的"麻烦事"

我在 17 岁的时候，和相处很久的男朋友汤米分手了。汤米是个很好的人，我的父母、姐妹和弟弟都很喜欢他。我俩交往结束的时候，每个人都很难过。尽管汤米是个好人，但我一直觉得他不是我想嫁的那个人。高中三年级那年夏天的一个晚上，我想和他分手。我们在电话里为我们青春期的爱情又说又哭了三个小时。我坐在卫生间的马桶盖上，地板上散落着一团团擦了鼻涕的纸巾，满心想着一件事：为什么我的父母不一开始就阻止这件事情的发生？

我很奇怪自己当时会这样想。我想你可以解释说我在迁怒他人（典型的青少年），但我认为事情远不止这些。你看，我非常清楚，我父母是那种认真对待自己责任的慈爱父母。他们经常制定规则，尽管我讨厌其中的一些规则，但我内心深处知道他们是为了我

第十章 来自天真的礼物：不当成年人的福气

们好。当我的恋爱生活变得很糟糕时，我对我的父母感到伤心和愤怒。我感觉到的全是憎恶和心碎——如果我父母定下规矩禁止约会，我就不会有这些感觉了。这跟青少年约会无关，也不是对我父母的控诉。他们很好地平衡了宠爱和规则，我知道他们所做的任何事都是诚心诚意、深思熟虑的。

但道理是孩子们希望你保护他们。当然，他们可能不会同意所有的规则和界限，因为他们不知道他们的无知……直到他们把马桶当椅子，坐在上面痛哭流涕。所以回到在外留宿——本文的主题上来。我不认为他们是冒失，但我确实认为，这是当今的父母们没有充分权衡风险和回报的地方。我相信我们可以通过重新考虑在外留宿的选择，来保护我们的孩子免受一堆不必要的垃圾的伤害。

如果在别人家留宿正是你不可谈判的一项，而且读这一章会让你心烦意乱，那就跳过这一章，我们仍然可以做朋友。也可能你想读一读，看看我到底有多奇怪。无论如何，记住一件事，作为父母，你可以改变规则。没有什么政策是永久的。如果你重新考虑在外留宿（或别的任何事情），想做些改变，可以的！父母可以说："我搞砸了。我以为我在做正确的事，但我现在有新想法。我知道你很生气，你可以生气，但事情就是这样的。"

我知道在外留宿有它的怀旧魅力。我记得在晚上 11 点偷吃烤干酪辣味玉米片，用摄像机拍摄无聊的视频，看电影的时候把我的腊肠狗吐在我睡袋里的老鼠摸出来（好吧，这算不上是多美好的回忆）。

所以我意识到在外留宿可以很有趣，但对我们家来说，它的好处并不比坏处多。如果我们就此对在外留宿说不,没错,这会很尴尬。担心其他家长认为你是个怪胎或者装模作样的人,这并不好玩。让一个孩子感到失望,也不好玩。

但是,因为拥有一个对食物严重过敏的孩子,我学到了一些对做父母大体上有帮助的事:界定我最重要的东西。比如,有时一个好心的朋友会建议做一些对我家过敏的小子不安全的事情。我的朋友可能会说:"嘿,你们能过来参加一个所有食物你孩子都过敏,还有蹦床、摔跤和食物大战的盛大的生日派对吗?"实际上,我知道这种情况对我过敏的孩子来说并不安全。我看得很清楚,不值得冒这个险。但我突然觉得内心充满了焦灼和矛盾。我不想伤害她的感情,又不想让我儿子难过,也不想让他错过。我不想让情况这么尴尬,救命!

后来有一天我意识到:我儿子的安全最重要,它比我或者其他任何人的任何感受都重要,我朋友的感受,我儿子朋友的感受,世界上其他任何不理解的人的感受,所有这些都不如让我儿子活着重要。

当我最终把这句话说出来的时候,它让做决定容易了一千倍。我已经决定了最重要的事情。是的,会有后果,但是我已经先行决定后果是值得的——值得让我的宝贝儿子活得好好的,值得我可能不得不去处理接下来的麻烦事。

换个说法吧。在大学里,我们经常玩黑桃纸牌游戏。在黑桃游戏中,黑桃 A 是绝对的王牌,其他人打的牌有多好都不重要——当你耀武扬威地打出黑桃 A 时,其他所有牌都不值一提了。当我们决定孩子能做什么的时候，孩子的幸福安康就是黑桃A，它是王牌。还有很多其他的牌也有很高的价值，但是与黑桃A——我们被赋予的照顾我们孩子的这个工作相比，其他牌就显得黯然失色了。

"但是等一下！"你可能会说，"我们孩子的健康和幸福真的是王牌吗？或者有其他更重要的事情呢？对别人友善如何？当一个好朋友呢？为社区服务呢？"

我要说一句不得不说的、整本书里最艰难的话，我必须说出来。没错，我们应该友善，应该为我们的社区做好事，但是以善待他人的名义将我们的孩子置于他们无法承受的境地，并不是真正的善待。你永远不会给你七岁的女儿穿上盔甲，让她站在战役的前线。我们绝不会那么做，那样太残忍和冷漠。可是还有很多情况，是我们的孩子因为心灵太幼小、智慧太不成熟而无法去面对的。

回到留宿问题或任何艰难决定的问题上来：我们必须预先判断我们的黑桃A是什么，然后打这张牌，不要在意其他牌。无论你可能需要做出什么样的艰难决定，都不要害怕。你是父母，你的孩子以后会感谢你的。

不要回避与孩子聊聊"性"

为人父母的头10年是幸福的，充满了纯真。哦，我们也有过问题，但通常会涉及的问题是，比如谁拿到了最后一块饼干，或者人们在午餐时说"脏话"，或者有人"在我上厕所的时候偷偷坐在灰色椅子上"之类（灰色椅子＝令人垂涎的活动躺椅，是我生存的痛苦之源）。

一天晚上，我和孩子们正在吃汉堡包（我丈夫工作到很晚），我九岁的儿子打破了咀嚼时的沉默，说："妈妈，上次我们和丹尼一起玩的时候，他问我们想不想摸对方的阴茎。"

世界停止了。

我努力吞下以往一直很喜欢的汉堡包。我记得我当时想，你必须冷静下来，不要反应过度，只去获得更多的信息。

我只说了一个字："哇。"如果你了解我的话，那就是我保持冷静和不反应过度的方式，这让我有时间整理思绪。我感到恶心想吐，浑身发热。"儿子，"我说，"你说什么？"

"我们告诉他那样做很蠢，我们不会那么做的。他告诉我们，我们应该假装去洗手间，都一起进去做。他和他的朋友们一起做了。"

我想你面对这一刻有你自己的版本，如果没有——你会有的。你的可能比我的还早得多。我想，是在家上学为我们赢得了几年时间。你的剧本可能更可怕、更令人心碎，可它会发生——那纯真逝去的时刻。这是为我们敲响的警钟。

我意识到，让孩子们为性纯洁做好准备的第一个重要步骤是：和他们谈论性，尽早和他们谈，并且反复地谈。很长一段时间，我一直有一种不安的直觉，觉得是时候和我们的孩子谈谈了。所谓我有了一种"直觉"，就表示我用急切的、我丈夫喜欢的那种语气对

第十章　来自天真的礼物：不当成年人的福气

他说："宝贝儿，你必须尽快教儿子们性知识！"

说实话，我们都一直在拖延：一半是因为我们对该说什么毫无头绪，一半是因为我们害怕得到像我姨妈从我表弟那里得到的那种提问。他们住在一个马场里，所以她用他们亲眼所见的动物交配行为，来弥合关于人类生育知识的鸿沟。我的小表弟沉默了一会儿，思考着他在农场见过的马匹交配。"那，妈妈？谁在上面？你？还是爸爸？"对话在十亿分之一秒内就聊死了。

像这样的问题对我们来说听起来很有趣，它意味着谈论性话题上了"我们真的该做了的事情"清单，紧挨着纳税申报单和"更换去年春天在迷你龙卷风中脱落的百叶窗"。也就是说，我们一直在拖延。

如果那个朋友的事件没有发生，我们可能会一直拖延下去。我丈夫利用这个机会和我们七岁和九岁的儿子谈了一下，内容是如何做出明智的选择，以及隐私部位是私密的。我们还没有解释怎么生孩子。如果你想知道，那么我想说的是在谈论性问题之前，这个年龄段的孩子已经等得太久了。照我说的做，不要重蹈我的覆辙。

我们知道下一步就是性话题。我感觉我们似乎已经解决了不少问题，但还处在这件事造成的震惊中，所以我们在等待时机。

几个星期后，我上楼看到我的一个儿子在和我蹒跚学步的女儿玩摔跤。之前那件事使我有点敏感，我就把儿子叫到一边善意地提醒他，即使是在玩的时候，我们也不要触摸别人的隐私部位。他开始哭泣，无法控制地抽泣。我脑子里闪过各种各样的想法——是什么让他如此心烦意乱？他一直说不出困扰他的事情，最后他终于哽咽着说:"妈妈,我就是不明白,人为什么要长那个?""长什么?""就是我们的隐私部位。它们只会给我们带来麻烦!"

我不爱哭,但那会儿我哭了,我感觉非常糟糕,觉得自己在性教育这件事上完全做错了。我们没有提前做好准备,没有为性的美好教育打下良好的基础,因此我们只好疲于应付、灭火救场,导致我可怜的儿子对拥有自己的私密部位只感到内疚。

我深吸一口气,在这整件事里,我第一次可以告诉你我做了正确的事。

"伙计,"我说,"我要告诉你一些事情。我们拥有隐私部位是有原因的。我现在就告诉你,你想听吗?"

他脸上明显露出轻松的表情。

我磕磕绊绊地完成了这件麻烦事,没有排练,没有彩排,没有计划。感谢上帝——我可爱的儿子因为弄懂了而无比庆幸,他几乎由于如释重负而忘乎所以。他明白了,至少明白了一个刚刚掉了门牙的人所能明白的那么多。

所以别学我。要从一开始,就为善与美打下基础。如果你还没有这样做,就请你从今天开始,教给他们这些事情:

- 我们身体的各个部位都很好;
- 有些部位是私密的;
- 这些私密部位有一个非常特殊的工作,我们结婚后开始使用它们;

- 这是个好计划。

我们现在已经谈到了两件重要的事情：（1）我们的身体独一无二，美好而特别；（2）性和婚姻有基本的计划。这已经奠定了一个很好的基础。在 20 世纪 60 年代，你可以有很长一段时间去准备，毕竟在那个年代没有 YouTube 或者抖音。而如今你不再拥有保持沉默这种奢侈品。现在你得到的是去保护你孩子心灵的特权。这就把我们带到了下一步。

把孩子从不良环境中解救出来

最近，我参加了一个关于科技与家庭的研讨会，会上演讲者转述了一个八年级男孩沉迷于色情作品的故事。据说这个男孩把手机扔到地板上，看着他的妈妈说："我恨你。"

这令人深感不安。这个孩子在极度沉溺于色情作品的痛苦中煎熬，他对他的父母大发雷霆。为什么？虽然不是所有的孩子都必然有这样的反应，但似乎这个孩子觉得他的父母本可以以某种方式阻止他上瘾或帮助他戒瘾。他希望他们站出来保护他。

这个故事使我感到悲伤和不安。但是我讲这个故事，并不是为了给我们这些家长带来一些模糊的内疚和不明的恐惧。相反，我想激励大家通过做三件具体的事情来保护我们的孩子。这三种做法会对我们孩子未来的性完整产生巨大的影响。

我不喜欢去思考关于色情作品的问题。在我为人父母的大部分时间里,我一直徘徊在一个乐观的小洞里,假装我的孩子还坐在宝宝椅上,吃着我用勺子喂他们的香蕉泥。我宁可拒绝接受现实,因为想到色情作品并不有趣。

但我们必须考虑它。我们必须承认,我们的孩子可能会看到色情作品,而且可能比我们预料的要早。许多孩子在 10 岁之前就接触过色情作品,其中有些孩子经常接触色情作品。

在这方面,我们能做些什么来帮助我们的孩子呢?我们并非无能为力。我想鼓励家长们考虑三种做法。

做法一:用清晰的方法步骤武装你的孩子,让他们为看到色情作品的时刻做好准备

当那一刻到来的时候,我们不能象征性地或者真的震惊到被汉堡噎住。我们必须准备好,我们的孩子也必须准备好。我们如何让他们做好准备呢?绘本《好图片坏图片》(*Good Pictures Bad Pictures*)是个很好的资源,它解释了什么是色情,以及当你看到它时该怎么做。和你的孩子谈一谈。最棒的是,你可以在他们处于任何年龄时进行这样的对话,即使你觉得晚了的时候。我听说在车上谈论这个很好,因为目光接触最少,这使事情更好处理,交谈轻松。

我是这么说的:"孩子们,我想跟你们说点事。这是件很严肃的事。你没有惹麻烦,但我想告诉你们一件事。世界上有些坏人,有时候他们会制造糟糕的图片。他们可能会用相机拍照,或者像漫画一样

第十章　来自天真的礼物：不当成年人的福气

画出来，但这些照片展示了不恰当的画面——没有穿衣服的人。你们见过这样的图片吗？也许在商业广告里、手机里或者电影里？"

然后留出一长段时间让他们回答。在这个谈话中，你的首要目标是打开对话。你只是给他们一个分享的空间，并且开创"这是一个安全空间"的先例，你只是倾听。

在允许孩子们有时间回答（他们可能会回答，也可能不会）之后，继续说："当你看到这样的图片时，它可能会让你内心觉得有点奇怪，那没关系。我希望你这样做：马上找到一个大人，告诉他'我觉得你应该看看这个'。孩子们，你们没有惹麻烦，只需要来找妈妈或者爸爸或者其他大人。你们能记住该怎么做吗？"

然后回顾一下那些步骤。如果他们想谈，就要尽可能多地回答他们的问题，但它不需要是一个30分钟的演讲（也不应该是）。这种对话你不能只进行一次或两次，而是要经常进行。有时候，即使已经过了一段时间了，我还是会提醒我的丈夫："再去和孩子们谈谈吧，是时候了。"他懂我的意思，就总是会重新提醒他们："还记得我们讨论过的那些不合适的图片吗？你们最近看过这些照片吗？"要有点漫不经心，这样对他们来说就不是一个严峻的考验。

我读过一篇文章，它建议青少年的父母想出一个暗号，青少年一说，他们的父母就会立即过来把他们从不良环境中解救出来，不需要问任何问题。这是个从很多方面看都很棒的主意。

也许你可以为你的孩子选择一个字或词表示色情作品，然后说明这个词表示"我看到了一些不合适的东西"。背负着看色情作品

203

所带来的焦虑、内疚和不适感是非常沉重的，你为你的孩子提供了最简单的减轻这种负担的办法。

做法二：采取具体措施，尽可能延迟色情作品的曝光

正如梅兰妮·海姆普所说，色情作品会改变一个孩子正在发育的大脑。因此，与色情作品的竞争就像一个早产儿和一个卧床的母亲，子宫里的每一分钟对健康发育都是宝贵的。所以同样地，童年的每一分钟也是宝贵的。梅兰妮说："再多给我一天和他们相处的时间，和一家人在一起，做那些有趣的事情。"

是的，他们最终会看到色情作品，但要尽你所能，推迟它们曝光的时间，越晚越好。

怎么才能做到这一点呢？这也许意味着收走一部手机；也许是限制使用手机的权限，使孩子只有在客厅或其他公共空间的时候才能使用；也许是不允许他们去某个朋友家拜访，因为那里不能很好地控制电子设备的使用；或者是告诉其他家长，你家孩子不被允许使用屏幕；也许这意味着安装互联网控制软件（事实上，这是绝对必需的）。

在我写这篇文章的时候，"契约之眼"（Covenant Eyes）是一个很好的应用程序。我支持你努力为自己搜寻一个好用的应用程序。如果你正要买一辆新车或者一个真空吸尘器，你会阅读评论并且认真找出最好的选择。给你孩子的心灵同样的关注吧，努力找到一个好的选项，来保护你的家不受色情作品的影响。

第十章 来自天真的礼物：不当成年人的福气

我所描述的所有做法都费时又复杂，而且可能很尴尬。但是在养育孩子的过程中，几乎没有什么事情可以对孩子的健康快乐产生同样的影响。当你提防色情成瘾的时候，你就是在提供好的影响，你是在给你的孩子争取一个健康性行为的机会，给他们一个充满乐高、棒球和芭比娃娃的童年，而不是让他们在地下室里带着罪恶感为成人尺度的瘾癖而彷徨。

做法三：要坦诚、满怀慈悲、真诚，以及示范认错

简而言之，成为那种你在为某些事情挣扎的时候想去找的人。

当我需要认错反省的时候，我可以去找两个人谈一谈。我羞愧的时候，他们会向我表达宽容与爱意。他们支持我，不嘲笑我的秘密。我见过他们坦诚自己的不堪，他们不假装完美。孩子和朋友的情况相比有点不同，但他们需要同样特质的求助对象。我希望可以成为让他们停靠的安全港湾。独自背负的罪恶感是沉重的负担，事实上几乎不可能独自承担。给你的孩子提供一个地方，在那里他可以卸下内疚的沉重包袱，得到被体谅的轻松。为了你的孩子，成为那样的人。

你拥有惊人的力量，能采取措施，保护你的家庭免受色情制品的侵害。你有能力让你的孩子在看到色情作品时知道该怎么做。你有能力成为他们的安全港湾。

不要让娱乐节目毁了孩子的三观

我的一些朋友把他们家所有的电视机都送人了，一台都没有留，而且不在任何电子设备上传输任何信息。贾斯廷说："我真的不想念电视。我以为我会的，但这样真的很棒。我们找到一大堆事情做！"我一方面觉得这是不可思议的酷，另一方面觉得，从来……不看体育节目？不在孩子们睡觉的时候看《国务卿女士》（*Madam Secretary*）？

我真的很佩服我朋友的勇敢，同时也有点嫉妒。正如我之前所说，我并不是完全反对电视。但你知道我反对什么吗？青春期前儿童的电视节目，它们几乎都很糟糕，毫无疑问。而且你知道比青春期前儿童的节目更糟糕的是什么吗？是那些原来适合给青少年看的却伪装为青春期前儿童节目的东西。我只举一个例子。你看过《芭比之梦想豪宅》（*Barbie : Life in the Dreamhouse*）吗？去年夏天我们度假时，我女儿正处于那种"如果没有什么特别想做的事情，我会在下午 3∶30 睡着，一睡 12 个小时"的情绪中，这种情绪通常发生在假期的第三天或第四天。我在奈飞的网站节目表中看到有芭比剧目，觉得这样打发一下时间应该无伤大雅。我女儿和大多数四岁的孩子一样喜欢芭比娃娃，这将是一场让她保持清醒的完美表演，对吧？

大错特错。

和一般的四岁孩子不同，芭比最喜欢做的事情包括参加时装秀、和她永远的好朋友一起买配饰、追求最前沿的时尚，以及和男孩约会。以下是芭比娃娃在一些情节中所面临的"问题"样本。

第十章 来自天真的礼物：不当成年人的福气

- 在和芭比约会之前，肯试用了一种宣称能最大限度增加发量的新洗发水，但是它毁了他的形象。在用了一瓶又一瓶的发胶之后，他的头发完美了，为他的约会做好了准备。
- 哦，不！芭比的衣橱已经满了。她的朋友们帮她找地方来扔掉她那些超级时尚的多余衣服。
- 芭比被她的"死对头"邀请参加一个派对，她的"死对头"故意告诉芭比这是正装，而实际上是休闲装（叹口气！）。芭比丢脸了。

听着，这些东西本身并没有什么问题，我喜欢约会，喜欢买泳衣，但我是一个成年女性。五岁孩子到底为什么需要暴露在衣着不搭、发型糟糕、男朋友不忠的危机中？剧透警告：他们不需要！在我提到的剧目以及更多的剧目中，角色人物充满了尖酸刻薄的侮辱、00后的缩写以及关于男孩子的戏剧性事件，经常让人感觉就像在看卡通版的卡戴珊剧目一样。我希望这个幼儿电视剧的例子是一个孤例，但不幸的是，它并不是。有很多电视剧的目标市场是幼儿，但是它们的语言、内容和主题都是匹配青少年的。

你如何找到好的内容呢？每天都会有新的东西出现，你的孩子会在排队的时候瞧见了就想要看。这可能听起来没什么，但是很多时候你不得不和他们一起看。因为你不能相信奈飞的评级，也不能相信他们的朋友看什么、喜欢什么。我用过常识传媒、鸽子评级网（Dove.org）和插头影视网（Pluggedin.com），但是你不可能在这些数据库中找到所有的节目或电影。即使某些东西看起来很棒，也可能其实不然。有时候你不得不和孩子一起看看到底是怎么回事。你

207

不能假设什么都好而撒手不管。有次我忙的时候就犯过这样的错，现实通常会反咬我一口。

找到高质量的娱乐节目很难，所以你可能需要扩大搜索范围。不要忽略那些看起来"幼稚"的节目，是好故事的就是好故事，无论书籍还是电影，如果一件作品做得很好，那任何年龄段的人都可以享受其中。实际上这意味着只要你放映的是高质量的电影，那么你就可以放下给大孩子放映"儿童"电影的顾虑。

举个例子。我的孩子上个月生病了，我想放一场下午电影。我浏览了所有的地方，但是对那些选项很失望，所有好的选项我们都已经看过了。我姐姐推荐了《猫儿历险记》(*The Aristocats*)。现在我的两个大孩子分别是10岁和8岁，而且他们是男孩。我怀疑他们是否会被一部40年前的关于一只看起来像女孩子的猫的卡通片逗乐。天哪！我很高兴地告诉你，我错了。

看到这部电影的某些部分时，房间里发出了叫喊声。他们表演了好几天，给我们讲笑话，一遍又一遍地求着要看（他们病了，而且我租了30天，所以我想："管它呢！就看吧。"）。他们喜欢这部电影，因为它是一部设计缜密、真正有趣、制作精良的娱乐片，即使它是关于卡通猫的也没关系。给那些经典的家庭电影一个机会吧。如果你已经习惯了带有暗讽言论和成人主题的现代电影，你可能需要一点时间才能从中恢复过来。但是你们的口味可以调整，在这个过程中，忍受一下白眼和抱怨。如果这是你唯一的选择，他们会回心转意的。

第十一章

来自信仰的礼物：
被人所爱，是一种
永存的安慰

一天晚上，我和丈夫在洗盘子。通常我们洗盘子的时候不说话，因为我们处于单调重复、精疲力竭的状态，或者无话可说的状态。有时候我们会对彼此说些别的甜蜜话，比如"这只平底锅你洗过了吗"或者"我胳膊肘上有个肿块，我觉得是个肿瘤"（澄清一下：只有我说过这种话。我丈夫从来没有发现过他手肘上有肿块。）

这天晚上，我思考着这本书里的一些东西，一反晚上九点的常态，深刻且健谈："你还记得高中的时候和女孩子约会的事吗？"他抬头看着我，显然对接下来的谈话方向很是紧张。

"我的意思是，"我继续说，"是什么阻止了你发生性关系？我一直在想，我们的孩子有一天会长大，到19岁，独自一人在宿舍里……你怎么称呼那种让他们不想坐在那里在手机上看黄片或者整天喝醉之类的东西？是什么让孩子们做出正确的选择？"

周二晚上洗碗时的深刻思考，让我意识到，尽管如前所述，我们家里有各种明智的预防保护措施，但总有一天我的规则将不再存在。这时，我的孩子到底是什么样的人就会显现出来。

那么，是什么样的内在特质帮助他们在没有其他人观察、惩罚

第十一章 来自信仰的礼物：被人所爱，是一种永存的安慰

或奖励的情况下，做出正确的选择呢？

这叫什么呢？

我丈夫抖掉他正在洗的碗里的水说："对我来说，我认为这是一种信仰，相信某种方式是真正正确的，并且按照这种方式去做，事情最终就会变得更好。"我一直在想他是怎么说的，"如果我按照某种方式去做，事情最终就会变得更好"。本质上他描述的是信仰，是相信一些你看不到的东西。

我知道，你们很多人选择这本书，是因为捕捉童年的主题触动了你们的心灵。冒险、纯真和玩耍的美德——这些东西在你的灵魂深处回荡，你希望你的家庭也是如此！你希望你的孩子做回孩子！你们对这其中的很多东西点头同意，对一些东西进行嘲笑，现在我们说到了信仰的部分，也许你们中的一些人在想，为什么她要用这个话题来毁掉这一切？我想让你们知道，我完全明白，并不是所有人都同意，或者认为有必要写一章关于信仰的内容。它似乎毫不相干，不合时宜，且没必要。

就算你是其中的一员，我们也还是可以做朋友的。我是说真的。我以前只有和我一模一样的朋友，这意味着我只有两个这样的朋友，生活真的很平淡。当我意识到我真的可以和与我不同的人做朋友时，我的整个世界被打开了。这是多么好的礼物啊！我有一些挚爱的朋友，他们在性别角色、政治等一些我最关心的问题上与我意见相左。我想，他们怎么能不这样看呢？但是他们不这样看，可我还是喜欢他们，不是有距离地喜欢，而是千真万确地喜欢。

如果你觉得一章关于信仰的内容会彻底毁了这本书,那就干脆不要读了吧。但我希望你能考虑听我说完,因为就像这本书里的其他内容一样,是为了我们的孩子。

信仰是我们能给孩子的最好的礼物。一个美好的童年是一回事,但是知道你会被人所爱,是一种坚定不移的永存的安慰,它将伴随你一生。

我写这一章的第二个理由是为了我们——家长们。对我来说,知道我的孩子是独立发展的个体是一种深深的安慰。在做我在本书中谈到的所有事情时,我有时会遭遇惨痛的失败,你也一样。即使我们每件事都做得很完美,也没法保证不失败,但这些失败并不是故事的最后结局,结局并不由我们决定。

在接下来的篇章,我将具体谈谈如何成为那种父母——就像我妈妈在黑暗中对待我的那种类型:一个不惧怕怀疑信仰的人、一个真实地生活着的人、一个传递希望的人。

无论孩子多淘气,都要好好爱他

有一天,一位年长的女士带着甜美的微笑走向我。她说:"你的孩子们真乖。你可以告诉他们,他们完全知道别人对他们的期望是什么,你对他们有很高的要求,而他们努力达到了。"

我转过身去看她是不是在和别人说话,并不是。我笑了,妈呀!我们真是糊弄住了这些人呀!不知什么缘故,他们没听到我咬

第十一章　来自信仰的礼物：被人所爱，是一种永存的安慰

着牙从牙缝里低声下达的命令，没看到我制止的争斗，没看到我擦干了一杯让他们待会儿再喝却洒在座位下面的果汁。

而且，说实话，这些事还都不算太淘气。她真正应该看到的是一天结束时的耍脾气，那样也许她就会是另外一种看法了。

在《热爱童年》(Loving the Little Years)一书中，雷切尔·扬科维奇（Rachel Jankovic）指出：

> 这不是来自某个做父母已久，因而只记得甜蜜内容的人的温柔回忆。对于如何照顾小孩，我并没有模糊而宝贵的观点……在写这篇文章的时候，我拥有三个还裹着尿布的孩子，能分辨出数百根牙签被倾倒在走廊里的声音。

这就是我写关于淘气孩子这一章节时的感受。当我写下这些话的时候，我仍然能够闻到今天早上我手腕上擦的精油的味道，那是在涉及一场打斗、一个吸尘器还有一个布娃娃的混乱争吵之后擦的。我还在努力舒缓我紧张的呼吸，那紧张来自让一个不想被罚站的孩子去罚站的压力。

遗憾的是，我没有十步秘方可以保证把孩子培养成顶级优秀的人，或者最起码不会培养出在某个时候进监狱的人（如果你认识卖这种秘方的人，那请帮我订上至少一盒）。我能做的是提供建议，告诉你我在像你一样培养孩子时所做的事情。

期望更多

无论在什么情况下，在你家里都应该有绝对不可商量的事情。我常常为我的孩子找借口，不惩罚跺着脚上楼梯的人，因为"她真的太累了"；不让他承担后果，因为我"也"吼了，而妈妈不该吼的。有时候，我怀疑是不是发生了什么"其他的大事"，让我的孩子表现得像个被恶魔附身的愤怒怪物。我常常会往最糟糕的方面想，这意味着，当我孩子做了一些很讨厌的事情时，我的脑海里会出现各种各样的设想，比如如果他们有某种精神疾病或障碍或其他毛病怎么办？因为世事难料，对吧？有一次，在一个孩子失去理智、情绪爆发时，我把这种担心告诉了我妈妈，她很明智地说："即使出了什么问题，有些事情在你家里同样也是不能容忍的。你必须明确这一点。"

我想了想，是这样的。我们在其他方面已经有了不可违反的标准。例如，我的孩子们知道，他们必须系好安全带。经过多年的重复，他们明白无论他们生病多难受、多么愤怒或者多么不舒服，系安全带都是没有商量余地的。所以我意识到，在行为领域发生的事情，在于我让一些事情变得可以商量，而实际上这些事情是不可以商量的。比如不扔东西，不打人，不说"我恨你"等。当然，这只是举几个例子，所以我不得不执行一项名叫"倒车"的棘手的家长操作，我说："对不起，孩子们，我之前做错了。我们家不允许这样做（不管是指做什么）。"

我发现很有趣的是，我并不是唯一一个为孩子们的淘气找借口的妈妈。在《做恰到好处的父母》一书中，伦纳德·萨克斯写道：

> 我经常遇到一些父母……他们想知道他们孩子的不良行为，是不是因为患有快速循环型双相情感障碍，或者是否有神经精神病学上的一些其他解释。我向那些家长解释说，一个八岁的孩子在半小时内情绪波动很正常，有时情绪波动甚至只需要五分钟。我一遍又一遍地说：父母的任务就是教会孩子自我控制，向他们解释什么是可以接受的、什么是不可以接受的，建立边界并强制执行。

我不知道你需要从哪里开始"倒车"，不知道你家里到底有哪些变得可以讨价还价的事情应该回归到不容讨价还价的状态。有时候事情很难判断，但对你有所帮助的是，永远不要放弃希望，以及想象一下如果别人家孩子做你自己孩子正在做的事情会是什么情形。你会不会想，哇，家长不应该让那个孩子那样做！这也许就是采取行动的好理由。

不要害怕纪律

唉，对我们大多数人来说，这是最困难、最可怕的部分。

我努力去想出一些后果，最终意识到，你必须"击中他们的要害"。很多父母害怕剥夺孩子的特权。试着想想那些最重要的附加条件，它会因年龄、阶段和孩子而异，可能是水果零食，可能是动画片《汪汪队立大功》（PAW Patrol），可能是参加聚会、吃甜点、晚睡觉、玩 iPad 或者和朋友一起玩。请注意，在通常情况下，这样做对你的伤害要大于对他们的伤害。你会成为阻止打架的人，而不是成为在他们看电视的时候可以放松的人。当他们不和朋友玩的时候，你就得陪他们玩，并且听他们发脾气。但是坚强点，这样的斗争是有好处的。

利用故事

你可以讲关于自己的童年、朋友的童年、丈夫的童年的故事。有时候我也编故事，我觉得这完全没问题。就像这种："我认识一个男孩，他总是大发脾气，他的爸爸妈妈却不惩罚他。我真的希望他能变好，因为如果他长大了，生气的时候做了坏事，警察就会来把他送进监狱！"有大约上千个过度简单化的故事，而我讲了一个当某人无法控制愤怒时会发生什么的故事。我也讲我自己生活中的故事，我会说："有一次我特别生气，扔了我的手机。这在我们家可不行，爸爸告诉我，我永远都不能再这么做了。"不幸的是，这个故事并非虚构。你注意到这里的一个倾向了吗？我们每个人都要和坏脾气做斗争。

要有幽默感

有一次，我看到我的邻居在她家外面的门廊上，坐在摇椅上前后摇晃着，读着杂志，喝着柠檬水。她兴高采烈地挥手打招呼："哦，我坐在这里是因为我的孩子们被罚站的时候大喊大叫，太淘气了。"（又一次大笑）"好吧！我就享受享受阳光。"与此形成鲜明对比的是，我总是给我丈夫发短信说："今天真是糟透了，我忍不住要哭了，你马上回家，我再也不想听这些孩子说话了，行吗？拜托，谢谢。"

我的邻居所展示的是以健康的方式把自己从孩子的行为中脱离出来的能力。我需要尽快学会这一课，因为孩子们的青春期还有不到三年就要到来了。我深爱我的孩子们，但他们最终的选择是他们的，不是我的。深呼吸，"你想做一些奇怪的无意义的事情，比如在地板上爬来爬去，同时还哼唧和抱怨？好吧！这是你的破选择！好吧，我继续去打电话聊天"。

重视满足他们的需求

我是个怪人，我最讨厌的事情之一是看到孩子们超过睡觉时间了还外出。有一天晚上，时间差不多是10点钟，我和我丈夫走在市中心的街道上，看到两个孩子在发疯似地尖叫。他们一个被拖着走在人行道上，另一个被抱着，两个都没穿睡衣。嗯，当然可能有一些合理的解释，也许有人突然发烧了，他们正在去急救中心的路上。又或者他们的叔叔刚从阿富汗坐飞机过来，他们正去迎接阔别四年的他。谁知道呢。无论如何，这些孩子的表现都不太好，但他们有一个很好的借口——他们累坏了，想睡觉。

对我来说，发现别人家的这种问题要比发现自己家里的这种问题容易得多，我是五十步笑百步。我已经意识到，当我在挣扎的时候，我希望别人给我恩典，但是当我的孩子在挣扎的时候，我却不善于给他们恩典。我在努力变得更好，但是我不是天生就能满足别人的需要（叹气）。未满足的需求并不是糟糕行为的借口，但是如果有潜在的需求，那么理解一下是很好的。有人脾气暴躁是因为他们饿了吗？渴了吗？需要打个盹？因为内向却见了太多的人？为输掉最后一局游戏而伤心？担心明天的考试？生病了？先满足其需求，然后再处理不当行为。在通常情况下，无论如何它总是会解决的。

提醒他们有归属

经常口头提醒他们"你是我们中的一员"。在困难和压力重重的时刻，这一点尤为重要。有时候，我很震惊某种行为居然会出现在我们家里，这时我会说："这不可以。你是斯马特家的人，我们不做那样的事，斯马特家的人不会那样做。"与其说这是一个具体的时刻，让人觉得他们只是普通的淘气和过分，不如说（我希望）这是一个吸引他们回归、召唤他们达到更高标准的时刻。这是它的关键所在，传达"家庭是永恒的，我永远不会离开你。你和我，我们这样做是为了长远考虑。你做什么都不会失去我的爱"。

一天晚上，在经历了一天特别疲惫的育儿工作后，我正在舔舐自己的伤口。我指的不是那种疲惫——"哇，我们今天在迪士尼乐园里走了20英里！多么美好的一天。我会睡个好觉的"，而是伴随着对一切的深刻怀疑而产生的疲惫，对自己的使命，对自己的方法，对自己的能力，对这些孩子会顺利度过童年的信念的深深怀疑。那天晚上，我坐在电脑前，被那种精疲力竭的感觉笼罩，不知怎么的，我偶然发现了 J. J. 赫勒（J. J. Heller）的那首美妙的歌曲

《清晨》(*In the Morning*)。这是我和我的孩子都需要的恩典。我听第一句歌词时就哭了:"这是漫长的一天,你已经尽力了。"我鼓励你在下一个令人沮丧的育儿日听听这首歌。早晨总是新鲜的,我们可以在明天重新开始。

父母问责制——言行一致

简而言之,我们是一个共同经营美好生活的家庭吗?

如果我告诉我的孩子,把他们的屁股从沙发上挪开去冒险,那么我自己是不是也在把自己的屁股挪开去冒险?

如果我告诉我的孩子,太多的科技使用是有害的,那么我自己是不是还在一直刷着我的手机?

如果我告诉我的孩子们,酷不酷并不重要,那么我是否在追逐最新的手机,在出门之前涂抹大量的遮瑕膏,或者每三周从这个或那个精品店订购新衣服?

如果我告诉他们要友善,那么我自己生气的时候是不是对他们的爸爸大喊大叫?

如果我告诉他们阅读很重要,那么我最后一次拿起书本是什么时候?

如果我告诉他们人脸比屏幕更重要,那么他们和我说话时,我是否会看着他们的眼睛?

如果你像我一样，就会对这个问题清单生出一点内疚、沮丧的感觉。我们有很高的理想，但我们也是非常世俗化的人。人们有时认为这意味着我们要放弃理想，拥抱不完美，停止过于努力。我明白这种说法的吸引力，但实质上它没有意义而且毫无帮助。

为人父母的好消息之一就是，你有一个内置的问责制度！这不是很棒吗？我的一个朋友说，他告诉他的女儿们，每次看到他边开车边打电话，她们都可以跟他要五美元。你敢相信他的这个习惯很快就改掉了吗！

我跟你说实话，在你孩子都还不到 10 岁的时候写一本育儿的书有些可怕。我不会用"厄运"这样的词，但如果我要用，那么我想我可能会在这里用。现在还没有定论，我没有放之四海而皆准的经验。但是，说实话，如果我说我有，那么我不确定你是否应该相信我。我所拥有的是：在你的孩子面前用恐惧和颤抖来锻炼你的信仰。做真实的自己，但要给他们真相。

我认为这是整件事中最令人兴奋的部分之一。我们一起学习，我们一起冒险，我们一起选择人脸而不是屏幕，我们一起道歉，第二天再振作起来。我们一起追寻美好的生活。

后　记

家庭使命宣言

　　正如了解作为个体的你是谁很重要一样，了解作为一个家庭的你们是谁也很重要。这些原则有助于指导你的思想和行动。

　　我们相信冒险，并拥抱生活的奇迹与欢乐；我们相信有意而为，用重要的事情填满我们的时间，有时什么都不做就是重要的事情；我们相信归属感，相信真实的生活是和他人一起发现的；我们相信陪伴，相信合理运用科技来过好生活；我们相信管理，善用我们的物质和金钱；我们相信智慧，媒体和书籍让我们的生活更丰富；我们相信工作，没有什么比做好工作更重要；我们相信正直，如果与众不同意味着做正确的事情，那与众不同是可以的；我们相信友善，相信友谊是最好的礼物之一；我们相信尊重，"己所不欲，勿施于人"；我们相信互助，摆脱恐惧的最好方式就是帮助他人；我们相信家庭，相信我们永远是彼此的后盾。

Let Them Be Kids: Adventure, Boredom, Innocence, and Other Gifts Children Need

ISBN：9780785221272

Copyright © 2020 by Jessica Smartt

Published by arrangement with Thomas Nelson, a division of HarperCollins Christian Publishing , Inc., through The Artemis Agency.

Simplified Chinese translation copyright © 2023 by China Renmin University Press Co., Ltd.

All rights reserved.

本书中文简体字版由 Thomas Nelson 通过 The Artemis Agency 授权中国人民大学出版社在中华人民共和国境内（不包括香港特别行政区、澳门特别行政区和台湾地区）独家出版发行。未经出版者书面许可，不得以任何方式抄袭、复制或节录本书中的任何部分。

版权所有，侵权必究。